人生100年時代 の 教師

48人の教育者の 教職人生と教育信条

宇田津一郎 ［編著］

G学事出版

〈刊行に寄せて〉

元青森県教育委員会教育長
学校法人八戸工業大学教学監査アドバイザー　　**田村充治**

「人生は湖をボートで進むようなものだ」

　これはある新聞のコラム欄に掲載された一文である。ボートの漕ぎ手に見えるのは来し方の風景であり、背が向いている進行方向には未知の景色が広がっている。今、私たちは、コロナ禍によって、これまで当たり前であったことが当たり前でなくなったことに気付き、子どもたちも突然の休校やオンライン授業への対応などにより平常の学校生活が失われた。いつの時代でも、予測不可能な未来社会を考えるときには、見ることができる過去の風景の中から答えを探すのも一つの方法である。その意味において、今回、宇田津一郎先生によって上梓された『人生100年時代の教師』には、執筆者各位が現職時に情熱を傾注したことや退職後の生き方などが記されており、読者諸氏がこれからの学校教育等について多くの示唆が得られることを願っている。

　私が宇田津一郎先生に初めてお会いしたのは、平成9年5月、当時勤務していた母校の校長室であった。爾来24年にわたるお付き合いのなかでいただいたご指導・ご助言が、私のキャリアを形成する上での糧となってきた。顧みると、47年間の私の教師人生は、定時制や普通高校教諭の30年、農業高校教頭や普通高校校長等の6年、そして県教委教育長や大学教員の11年によって構成される。この間、「教えることは学ぶこと」を教育実践の柱に据え、学校教育に取り組んできた。この言葉は教育を通した「人づくり」の要諦を述べたものである。子どもたちは、いつの時代も変わらずに、「わかるまで教えて欲しい」「生き方を示して欲しい」の二つを我々教師に求めている。前者は「職業としての教師」への要請であり、ささやかではあるが大切な願いである。後者は「人間としての教師」への願望であり、教師の人間性や人格・倫理観等が問われる重い課題である。

　少し先の未来でさえ予測が不可能なことを実感している今だからこそ、私たちは、いかなる環境や制度下にあっても教育は人と人との関わりによって営まれてきたこと、そして子どもたちの可能性を開花させ、「人づくり」の一翼を担うのが学校教育であり、その直接の担い手が教師一人ひとりであることを改めて心に刻む必要がある。子どもたち一人ひとりには、それぞれの人生がある。志の種は、自分の「心の土」のどこから芽を吹き出してくるかは、その時はわからないものである。しかし、意外なところから吹き出した芽が、やがて大樹に成長していくことは珍しいことではない。むしろ、なぜ大樹になり得たか。そこには家庭で育んだ親子の愛や人との出会いがある。とりわけ学校教育においては、子どもたちに様々な経験を積ませ、教師と子どもたちとの関係を築きながら、一生懸命「心の土」を耕す日々の営みが大切である。十分に耕され、養分を吸収した土によって、芽はやがて幹を太くし、大樹へと成長を遂げることを私たちは知っている。

　歴史学者ノーマンは『歴史は、すべての糸が、あらゆる他の糸と何らかの意味で結びついている継ぎ目のない織物に似ている』と述べているが、学校教育はまさに『継ぎ目のない織物』であると言える。自分の教育理念や教育への思いを次の人に託さなければならないこともある。逆に、誰かの理念や方策を受け継いで教育に当たらなければいけないこともある。その意味では、私たちはリレーのランナーである。バトンパスがうまくいかなければ、リレーはできない。ゴールまでの道のりを構想し、自分がどの位置にいるかを確認し、役割を理解し、責務を果たさなければいけない。

　「教育は人なり」という考え方は新しいものではなく、学校教育を通して永永と受け継がれていくものである。本書の執筆者はリレーのランナーとしてバトンを受け継いできた方々であり、多様な実践活動等は読者の心に響くことが期待される。そして、今バトンを握りしめ、子どもたちのために献身的な努力をされている教職員各位に敬意を表するとともに、これからの時代を生き抜く子どもたちに心からのエールを贈りたい。

〈刊行に寄せて〉

昭和薬科大学附属高等学校・中学校校長　元沖縄県教育長　**諸見里 明**

　「今頃どうしているのだろうか」と、まるで消息不明のような退職校長が意外にも多いことに気がつく。地域社会にも溶け込もうともせず、ゆったりと隠居生活を送っている教員が少なくないこともよく耳にする。こうした状況は、人生100年時代の今日において、これまで培ってきた教育者としての功績に鑑みると、かつ社会的な財産として捉えてみると余りにももったいないような気がする。

　作家の五木寛之氏は著書『林住期』の中で、古代インドの人生観を引き合いに出しながら、人間としての生き方を解析している。「林住期」とは社会人としての務めを終えた後、もっとも輝かしい「第三の人生」であると説く。そしてこう唱える。退職前の人生とは、世のため人のために働いた。林住期のこれからこそは、人間が真に人間らしく、みずからの生き甲斐を求めて生きる季節なのだと。まさしく人生のピークがこれから始まるのであり、人生の黄金の時期が到来すると力説している。

　本書は、そんな人生の黄金期を迎えた退職教員たちの生き様を紹介すべく、現役時代にバリバリ活躍してきた教師たちを全国から選出し、教育者としての彼らの生き方・あり方を綴った貴重な記録である。

　退職して過ごしている現在から現役時代の自身を俯瞰して見るとき、執筆者たちが一番大切にしていたものは何かが浮かび上がってくる。初任者の頃や中堅教員時代に培った教育者としてのあるべき姿、教頭・校長等管理職になって特に力を入れた点は何であるのか。本書では、そこかしこに彼らの教育的な信念・モットーなどが鮮明に表白される。

　本書は、退職された教職員に対して、退職後の生き方及びその拠点としてのあり方、健康と生きがい、納得の人生の集大成について教えてくれる。他方で、現役のまだ若い先生方に対しても大きなメッセージを発出する。

4

執筆者にしてみれば、数多くの想い出をシャッフルしてふるいに掛け、その辿り着いた意中のエピソードでもあるのだ。まさに、若い先生方へ残したい珠玉の想いや生き方が込められている。本書はまた、教職員以外の方にも間違いなく多くの示唆を与えてくれるものだと確信している。

本書の編著者である宇田津一郎先生は、退職後の今日まで長きにわたり講演会や教育活動支援等に精力的に携わり、出版活動も積極的に展開されてきた。それ故、先生の持つ全国的なネットワークは驚異的である。こうして、全国の退職教員たちに執筆を依頼できるのも、宇田津先生ならではの力量だと感じ入る。

また、沖縄県との関わりの深さも特筆され、現在の本県の学力向上に関しては、先生を抜きにしては語られないほどである。私自身も現役校長時代に先生に指南を仰いで学校改革を推し進めてきたことはゆめ忘れない。

平成19年度に私が沖縄県立豊見城南高校の校長として赴任したときのこと。当時、学力面や生徒指導面に多くの課題を背負っていた当学校では、校長として毎日が悪戦・奮闘の連続であった。そんな折、県教育庁指導主事の頃からご縁のあった宇田津先生に願い出て、学校教育活動の幾多の面においてご指導を賜った。学校改革に向けて、PTA・保護者、生徒たちを対象にした講演会や教職員に向けた訓話等も各々数度にわたり実施していただいたことは昨日のことのように覚えている。

今回、先生の編集する本書において、こうして刊行に寄せるメッセージを掲載してもらえることは、慶びを超えてまさに光栄に感じている。読者にとって本書が人生最高の羅針盤となることを祈念してやまない。

〈刊行に寄せて〉

　先日、チェーホフの「ワーニャお伯父さん」という芝居を見た。簡単に言うと、その芝居は、境遇が変わり生き甲斐を喪失した「老いた伯父さん」を姪が励ます物語。「老いた伯父さん」を我が身に置き換えて鑑賞した。姪の励ます台詞に少し違和感を持ちながらも釘付けになった。

　「仕方ないわ。生きていかなくちゃ…。長い長い行列みたいな昼と夜がどこまでもつづく、それを生きていきましょう。……」

　激励の言葉としてはあまりにもと自分には思えた。しかし、その台詞につづく「最後のフレーズ」に私は救われた。「最後のフレーズ」、それがどんな台詞なのかは、結びで紹介したい。

　チェーホフのこの芝居がなぜ名作と言われ、世界中で何度も何度も上演されるのか。私なりの解釈は、「人間は多分愚かなもので、自分の身にとんでもない事件が起こらないと、失ったものや、大事であったものに気づけない」。そんな人間の存在の根幹をくすぐる教訓が、この芝居のモチーフであるからではないか。

　この度の『人生100年時代の教師』の出版を喜んでいる。原稿を送っていただき、すべてではないが読むことができた。タイトルにあるように人生100年と仮定すると、70歳前の自分にとっては、人生はまだ約3分の2を経過したに過ぎない。30年間きざみで人生を捉えると、「成長期30年、活動期30年、円熟期30年」とでも言える。

　多くの教師が、成長期や活動期に向けては、目標を持ち、あこがれを抱き、必死で学んできた。そう言える教師ばかりではないだろうか。しかし、円熟期の30年では、誰を目標にし、何を教科書として学べと言うのだろうか。そんなことを常々思っていたが、本出版でその答えを見いだすことができた。同様にお感じになる読者も少なくないものと確信する。チェーホ

フの芝居のモチーフを借りれば「自分の身に起こる事件、そんなものは要りません。この一冊から今後の歩み方は分かります」と言いたい。そんな大きな示唆を得た。

　ところで、自分は教師や校長として26年学校に勤務した。教え子の同窓会等に出席することも多い。同窓会では、もちろん教え子とも会うが、その会話から教え子と接した時代の未熟な自分とも再会する。教え子の昔話は懐かしくもあり、成長した教え子との再会は教師冥利にも尽きるが、一方で教え子たちのために、教師として為すべきことをしてきた自分であろうかと後悔する時間でもある。教育は「教え」「育てる」と書く。しかし、自分の教員人生は「教えられた」「育てられた」日々だった。教育は百年の計、人生100年時代、長生きして「自分の為したことは、教師として何だったか」教え子の生き様から愚直に確認すること、それをこれからの人生としたい。今回改めてそう考えた。

　先のチェーホフの芝居の姪の台詞の結びは「苦しかったこと、泣いたこと、つらかったことを神様に申し上げましょう。そしてわたしたち、ほっと一息つけるのよ。わたし、信じてるの。おじさん、…」であった。姪の言葉は、精一杯努力してきた伯父さんをリスペクトする言葉で結ばれていた。

　本書の原稿は、どれもが、全身全霊を教育という仕事にささげたという鼓動が伝わり来るものである。読者の胸を打つに違いない。各先生方のご努力に心から敬意を表したい。

　終わりに、お声掛けいただいた宇田津一郎先生、そして学事出版社長・花岡萬之様をはじめ、関係の方々に深甚なる謝意を表したい。

〈刊行に寄せて〉

元南九州大学学長
南九州学園理事長　**寺原典彦**

　私は、本書の宇田津一郎先生の「あとがき」でご紹介いただいた寺原典彦という者で、宮崎県の南九州学園（大学・短大併設）の理事長をしております。宇田津先生には高校３年生の時にクラス担任をしていただき、また、数学を教えていただき大変お世話になりました。その恩師が編集される『人生100年時代の教師』の出版に当たって、「刊行に寄せて」を書くようにとの身に余るご依頼を受けました。

　考えてみると私も、大学教員としての退職までもう少しなので、本書を執筆された先生方の高校在職中や、定年退職後の生き方を通して得たことなどを勉強するつもりで拝読いたしました。

　本書では執筆者の先生方が現役教師時代に、それぞれの高校の多様な職場環境の下で、教育、生徒指導、校務などのお仕事に、各々のやり方で奮闘努力された様子が生き生きと伝わってきました。

　教師の仕事はかなりストレスが多く、早期退職に追い込まれる方も多いと聞きますが、著者の先生方は皆さん、教師の仕事に向いており、まさに天職に就いたのだと感じました。教育能力も人間力も大変高く、生徒たちもそれを直感的に感じ、尊敬のもとに授業を聞いたり、指導に従ったりしたのだと思います。また、職場・仕事における困難な課題を、ご自分を成長させるチャンスとして前向きに捉えて頑張り、解決方法を編み出し、決断をして成し遂げてこられたことがわかりました。そういう先生方は、学校内の難しい仕事を受け持たされたり、自分から進んで取り組んだりするので、どうしても忙しく働くことになりますが、その分、成果も大きかったものと思います。

　このような教師時代を通して、生徒・保護者、各種の学校、地域、関係

機関・団体等とも、いろいろな形で関わりを持たれ、新たな経験・学びをされてきておられました。それらが、ご自身の生き方の改善や更なる成長につながっているとともに、周りにも好影響を及ぼしているものと察せられます。

昨今は人生100年時代をにらんで、社会全体として定年退職後の再就職が、むしろ当たり前のことになりつつあります。

執筆者の先生方で、退職後は「晴耕雨読」のゆったりとした生活を考えておられた方も、最終的には働き続けておられることがわかりました。実際に定年退職とともに、教職の延長として大学や私立高校・専門学校等の教員や博物館など多岐にわたる仕事に再就職されている方がほとんどでした。本南九州大学でも、退職された元高校の先生が常勤や非常勤教員として、複数名働いてもらっております。中でも、教職関連授業では、学生の教育に現職時代の教育方法や経験を発揮していただき、新規教員を多く輩出していただき大変助かっております。

このように、著者の先生方も、第一線で得たスキルを大いに発揮・応用して、第二の仕事でも、確実に成果を上げられており、そして第一線とは違う学びと経験の幅を広げられていることに感動しました。

外での仕事がすべて終わり、ようやくご自分の時間が持てるようになったご高齢の先生方は、地域や人々との関わりなどもより大切となってくる中で、地域やボランティアなどの世話役としてやはり指導的な立場になっておられるとお見受けいたします。

このように、各先生方が高校在任時から現在に至るまでに得た多様な教師経験、人生経験、生き方・人生哲学などが、社会貢献を始め今を生きるうえで極めて有意義であり、我々も見習うべき点が多いことを教えていただきました。後輩の先生方も本書を参考にされて、ご自分の仕事の指針にしていただくとともに、今後の執筆者の先生方同士のつながり、絆づくりに活用していただけると幸いです。

〈刊行に寄せて〉

宮崎県農業協同組合中央会代表理事会長　**福良公一**

　我が恩師である宇田津一郎先生は、お会いする度に「君達には本当に申し訳なかった。高校生の時に勉学に集中させる環境を作ることができなかった。自分の責任だ」と口癖のようにおっしゃる。まさに私達が高校生の時期、昭和45年前後は教育界も教職員の政治活動が活発に行われていた頃である。そのような状況の中、宇田津先生は高教組に属することなく、組合活動と一線を画し独自の道を歩いておられた。「勉学に集中させるに十分な環境を作れない」ことで、生徒に対する責任を痛感し、歯がゆい思いをされておられたことと推察する。

　私としても高校3年生の夏休みが終わる頃から、やっと受験勉強に本格的に集中するという状況であった。当時、私達の学年（普通科約280人）で国公立大学に合格した者はわずか10名程度（1・2期校時代なので重複合格者含む）と低迷しており、さらに1学年上の卒業生に至っては、その合格者が1名だったと記憶している。ただし、名誉のために言っておくが、浪人した多くの者は国公立大学やいわゆる難関私立大学に合格したことは付け加えておきたい。国公立大学や難関私立大に合格することがすべてではないとは言え、「学ぶべき時に学ぶ」ことの重要性を教えていただいた宇田津先生に出会い、多くの教訓を得たことが私の人生の糧になり、今の私があると認識している。

　私は大学卒業後、縁あって農業協同組合に入所し、JA（いわゆる単位農協）の役員を経て、宮崎県農業協同組合中央会の会長職を拝命している。「教育界」と異にする職場ではあるが、実は協同組合（特に農業協同組合）は教育を最も重んじる組織でもある。イギリスの「ロッチデール先駆者組合」を祖とする協同組合には「協同組合理念」の原則が謳われている。その原則には、協同組織の民主的運営、組織への加入脱退の自由、一人一

10

票の原則等があり、なかでも「教育」が重要な原則として位置づけられている。これは協同組合の適切な運営を行うにあたり、組合の構成員そして職員の教育が重要であるとの認識に立ち、組織の中に教育機関・施設等を設置し今日に至っている。特に農業は穀物・野菜・果物等の作物を生産する産業であるが、その過程においては、基盤となる「土づくり」を行うことが重要であり、究極的には自然と共生することが必至となる。まさに「人づくり」も「土づくり」も教育に共通する概念ではないかと考える。

　最近は2015年9月の国連サミットで採択されたSDGs（持続可能な開発目標）へ積極的に取り組もうとする企業・団体等が数多く見受けられるようになった。17の目標には「1．貧困をなくそう」「2．飢餓をゼロに」「3．すべての人に健康と福祉を」等の項目が掲げられているが、それらは実は農業協同組合の取り組みそのものなのである。農業協同組合は安全・安心な食料を生産し、供給（施設への無償を含む）する組織であり、医療事業・福祉事業を展開し、地域に根差した活動を展開している。この活動の根底にあるのは「人づくり」「仲間づくり」であり、このことはまさに「教育」そのものである。

　今回の諸先生方の寄稿文に接し、過去に管理職等の重職を経験され、その後のそれぞれの立場で改めて人生を全うされている姿を拝見するにあたり、教育者としての在り方・生き方に多くの感銘を受けたところである。執筆された先生方が健康に留意され、今後の日本の教育の発展にさらにご尽力いただくことをご祈念申し上げたい。

　また、恩師である宇田津先生におかれては宮崎県立宮崎西高校の校長を最後に勤められ、当校を押しも押されぬ県内トップの進学校に導き、その卒業生は国会議員をはじめ政財界に多くの人材を送り出されている。その素晴らしい業績は敬服に値するものであり、退職後も知己を生かし日本全国を股にかけ教育活動に従事され、まだまだ充実した毎日を過ごしておられることに敬意を表したい。教え子としても頼もしく嬉しい限りである。

　今後も健康に留意され、更なる飛躍・発展されんことを期待するものである。

はじめに

　日本人の平均寿命は年々伸び続け今や世界一の長寿国です。厚生労働省が2020年に発表した日本人の平均寿命は、男性が81.41歳、女子が87.45歳で、男性が8年連続、女性が7年連続で過去最高を更新しました。30年前と比べても、男性、女性ともに5年半以上、寿命が伸びています（2019年7月30日発表）。

　いまや、「人生100年時代」となりつつあります。平成30年6月に「人生100年時代構想会議」でとりまとめられた「人づくり革命　基本構想」では、幼児教育や高等教育の無償化、大学改革などに加えて、リカレント教育や高齢者雇用の促進に触れられており、特に65歳以上の高齢者の継続雇用や、高齢者の雇用促進策、公務員の定年の引き上げなども提言されています。

　そのほかにも、この会議では、ある海外の研究によると、2007年に日本で生まれた子どもの半数が107歳より長く生きると推計されており、日本は健康寿命が世界一の長寿社会を迎えていること、さらに100年という長い期間をより充実したものにするためには、幼児教育から、小・中・高等学校教育、大学教育、さらには社会人の学び直し（リカレント教育）まで、生涯にわたる学習が重要であること、人生100年時代は高齢者から若者まで、すべての国民に活躍の場があり、すべての人が元気に活躍し続けられる社会、安心して暮らすことのできる社会をつくることが重要な課題となっていることが提言されています。

　日本人の多くは、健康意識も高まり、バランスの取れた栄養を取れていることなどから、寿命が伸びてきました。また、医療水準の高さからも、以前は不治の病とされたがんや心疾患、脳血管疾患の「3大疾患」が減り、健康に対する意識が向上したことと相まって、平均寿命が伸びてきました。

　しかし、平均寿命は伸び続けていますが、一方で、認知症や孤独死の増加などもあります。日本では65歳以上の高齢者のうち、約15％が認知症と

言われており、やがて、20%になるのではないかとも言われています。認知症は軽い物忘れとは異なり、体験全体を忘れてしまったり、新しい出来事を記憶できなかったり、日常生活に支障がある状態です。

　こうしたことから、平均寿命の伸びに加えて、健康寿命を伸ばすために大切なことが注目を集めています。

　高齢になるにつれ、心がける大切なこととして、生活習慣病を予防すること、そのために運動を欠かさないこと、食事においても、バランスよく栄養を取ること、また、日々、達成感のあることに取り組むこと、他人との交流を積極的に行うこと、無理なく続けられることを継続することなどが大切だと言われています。

　今回企画しました本書が、高齢者の方々への参考となり、今後のつながりづくりの一つのきっかけになればと願っています。

　今回、本書の原稿の執筆に当たって、「各先生方の現職時代の教職への取組や実践と、退職後現在までの教職への取組や地域社会とのかかわり、趣味・特技等を活かしての生き方や実践、後輩へのアドバイスなどについて」ご執筆をいただくよう依頼しました。

　本書の出版に当たって刊行のことばを、田村充治先生、諸見里明先生、飛田洋先生、寺原典彦先生、福良公一先生から心温まる玉稿をいただき有難く御礼申し上げます。

　また30年以上お世話になっている学事出版・花岡萬之社長には今回も出版を積極的に勧めていただき着手できたことに感謝しています。

　最後に編集にご協力いただいた、久保田勝吉先生、仁田原秀明先生、藤原善行先生、丹生長年先生、執筆にご尽力いただきました48名の先生方に御礼申し上げ「はじめに」の言葉といたします。

元宮崎県立宮崎西高等学校校長　宇田津　一郎

目 次

第1章　大切なことはすべて教職から学んだ
―― 私の教育理念、教師の信念

第2章　良き出会いは成長の糧
── 豊かで彩りのある人生を送るために

第3章　挑戦は終わらない
── 第二の人生を充実させる生き方・在り方

第1章

大切なことは
すべて教職から学んだ

―私の教育理念、教師の信念

これまで、今、そしてこれから

1　現職時を振り返って

（1）教諭として　～教科（数学）指導における自己研鑽～

　初任校は、素朴な生徒が多い郡部の高校でしたが、学習意欲が低い生徒もおり、生徒を引きつける授業ができていないことが自分の大きな課題でした。そして、教科指導について困っても、校内に相談できる数学教員は少なく、当時は今と違いネットで情報を得ることもできず、大学を卒業したばかりの自分には他校の教員とのネットワークもない、そのような状況でした。そのため、自分で指導方法に関する書籍や雑誌を購入し、一人で黙々と研究する日々でした。明日の授業でどのようにしたら生徒の興味関心を高め、黒板に目を向けさせることができるかなど、目の前のことで精一杯で長期展望に立った指導計画などを考える余裕はありませんでした。今振り返れば、行き当たりばったりの授業で、指導も下手な若い教員でしたが、この頃、自分なりに教材研究に取り組んだ経験が、その後の教員としての生き方に大きく影響していったと思っています。

　その後、赴任した学校は進学校と言われる学校でした。しかし、教員が例題を一方的に説明し、生徒は板書されたことをただひたすらノートに写すという講義形式の授業に自分は疑問をもち始めており、生徒が受け身ではなく、主体的に取り組む授業（今でいう「主体的で対話的な深い学び」を取り入れた授業）を試行錯誤しながら実践し始めていました。ちょうどその頃、九州各県の経験豊富な数学教員が集まり、教科指導に関する研究会を立ち上げるという話を聞き、メンバーに入れていただきました。この「山口・九州地区数学教育実践研究会」は平成11年に結成され、各県の数学教員が指導方法などについて年2回情報交換を行うとともに、年1回研究冊子を発行していました。この会で、他県の先進的な取組や工夫された

授業展開などを学び、大きな刺激を受けました。また、研究会では数学の指導方法だけでなく、進路指導や生徒指導、さらには教育改革や学校運営等についても意見交換する機会もあり、多くのことを吸収することができました。

　長い教員生活を振り返って思うのは、教員は生徒に教えることが仕事ですが、生徒から学ぶことも多いということです。授業中の生徒の何気ない質問の中には素晴らしい着眼点や発想が含まれていることがあり、生徒のノートや答案から指導方法の改善のヒントを見つけることもありました。まさに我以外皆我師の言葉どおり、多くの先生や生徒から学ばせてもらったと感謝しています。

（2）管理職として　～コミュニティ・スクールなどの新たな取組へ～

　教頭として初めて赴任した学校は、全校生徒数20人余りの小さな分校で、閉校するまでの３年間勤務し、閉校に向けた同窓会等との話し合い、校内備品の整理、閉校式の準備などの貴重な経験をしました。閉校する年は３年生の男子生徒５人しかおらず、体育の授業や掃除、行事などで苦労することもありましたが、家庭や地域からの温かい応援や支援もあり、思い出深い月日を送ることができました。そして、この頃から、地域と連携した教育活動に管理職として積極的に取り組むようになりました。

　その後、教育行政を４年間経験し、校長として初めて赴任した美祢青嶺高校は、普通科と工業（機械、電気）科が併設された学校で、特色の一つとして普通科の生徒も工業科の科目を学ぶことができました。当高校は以前から地域行事への参画やボランティア活動に取り組んでいましたが、より組織的に活動を推進するため、着任して３年目（平成28年）に県内高校で初のコミュニティ・スクールとなりました。コミュニティ・スクールとしての活動をスタートさせた翌年、私は転勤となりましたが、当高校は現在も地域資源を生かした教育活動や企業と連携したものづくりなど、地域や企業と連携した取組を活発に行うとともに、地域貢献活動や地域の魅力発信など地域の活性化に向けた活動にも積極的に取り組んでおられます。

教員生活最後に勤務した宇部高校では、SSH、SGH としての活動に加え、新たに設置された探究科の教育活動の充実に努めました。国際交流、近隣大学での講義や実習、課題研究の内容を英語でプレゼンなど、毎週、様々な活動があり、生徒・教職員とともに忙しい時間を過ごしましたが、主体性や表現力、人間関係力などが身に付いたと実感している生徒が増えたことは成果の一つだと考えています。そして、ユニバーサルデザインの視点を取り入れた授業や ICT を活用した授業などの研究も全校体制で行い、日々の授業における指導方法の改善にも取り組みました。また、平成30年には宇部高校の卒業生である本庶佑先生がノーベル生理学・医学賞を受賞され、学校、同窓会、地域等が喜びに包まれたことは大変うれしい思い出となっています。

　管理職として心がけたことは先を見据え、時代の変化に対応した学校づくりです。時代に先駆けた新たな教育活動を積極的に取り入れながら、地域と学校の活性化、次世代を担う人材の育成などに力を注いできました。コミュニティ・スクール、SSH、SGH、探究科など新たな教育活動に積極的にチャレンジしてきました。これからの教育も、踏襲ではなく、変化を恐れず改革に前向きに取り組んでいくことが大切であると考えています。

（3）定年退職前

　定年退職の数か月前になると、周りから「残りわずかになりましたね」と言われることや、退職に向けて書類を作成することも多くあり、退職の2文字が頭をよぎることはありましたが、できるだけ「あと何日」と考えずに、その日一日を精一杯頑張ることだけを心がけていました。そして、最後の1年間は本当にあっという間に過ぎ去り、平成31年3月末で定年退職。定年までの38年間、いろいろな失敗もし、周りの人に迷惑をかけたこともありました。苦しいことやつらいことも多く、仕事を辞めようと思ったこともありました。でも、そのたびに周囲の人々に励まされ、助けられ、無事、定年を迎えることができました。本当に感謝、感謝です。そして、人の縁にも恵まれ、振り返れば幸せな教員生活であったと思います。

2　定年退職後の生活について

　定年退職後は管理職としての責任、多忙、心痛などから解放され、自分のペースで働き、趣味のジョギングや読書を楽しみ、年に1、2回は妻と旅行……そのような気楽な生活を思い描いていました。しかし、「人生100年時代」の今、60歳で定年退職した後、40年近く生活することを考えると、やはり、そのような考えは夢物語、絵に描いた餅でしかありません。

　退職後は、培ってきた経験を生かさず、現役時代と全く異なる業種で働くことも考えていましたが、結局、現在も教育関係の職場で管理職としての日々を送っています。

　そのような中、退職直後に行ったことが二つあります。一つはこれまでの教員生活で蓄積してきた原稿や資料、思い出の品の整理です。不要な物の処分、文書類の電子化などを行い、自分の荷物を最小限にしました。もう一つはエンディングノートの作成です（現在、記入中で完成はしておりません）。二つとも少し早い終活と言えますが、ピンピンコロリも想定して自分なりに準備しておきたいと考え行いました。

　また、退職後の生活がこれまでと大きく変わったと実感するのは、懇親会など人との交流機会が減ったことです。新型コロナ感染拡大防止の影響もありますが、人と会ったり、話したりする機会が少なくなったことは寂しく感じています。現職の先生方には、地域の方々や趣味の仲間など、教員以外の人とのつながりも大切にしておくことをお勧めします。

　年を取ると増えるのは、物忘れ、診察券、年金の話などですが、これから、自分がやりたいことは二つ。一つ目は四国八十八か所を歩いて巡ること。二つ目はすべての都道府県のロードレースに出場することです。達成できるかどうか分かりませんが、チャレンジあるのみ。

　自分のセカンドライフは始まって、まだ2年。いつも新しいことに挑戦し、心がわくわくする時間を過ごせればと思っています。そして、「人生100年時代」と言われる今、完全に職を退いた後にどのような生活を送るのかを考えていく必要もあると思うこの頃です。

全国並みの大学等進学率をめざして

元新潟県立新潟高等学校校長　宮沢 稔

　私は、教員としてさまざまな課題に取り組んできたが、一つだけ教員生活全体を貫いてチャレンジした課題があった。それは、新潟県の大学・短大等進学率（以下、大学等進学率）を全国並みにするという課題であった。

　もちろん、これは私一人の力で実現できるものではなく、多くの人たちと協力して取り組むことによってはじめて実現できるものであった。

1　先輩たちの「悲願」

　昭和43（1968）年4月、私は新潟県の公立高校教諭に採用された。倫理社会の授業を中心に、生徒たちとのふれあいを楽しみながら2校で11年余の教諭時代を過ごした。ただ、この間4回卒業学年を担当したが、大学進学だけは満足できる結果を残せたという実感を持てなかった。

　その頃、本県の大学等進学率は全国40位台を低迷し、昭和51（1976）年には、最下位の47位に沈んでいた。先輩たちは、「戦後の県政の飛躍的発展にかかわらず、教育だけがついていけず、全国の最低線を低迷している」（山宮作市氏）と嘆き、状況打開のため、昭和30〜40年代には、優秀な教員確保のために大学まわりをしたり、県知事の理解を得て、レベルの高い私立高校の設置を模索したりしたという。

　大学等進学率の向上は県民的課題であり、先輩たちの悲願であった。

2　低迷の原因は何か？

　昭和55（1980）年1月、私は県教委の指導主事に採用され、大学進学を含む進路指導を担当することになった。

　翌年、私は茨城県筑波での21日間の研修（中央研修）に派遣された。この研修には、全国の都道府県から校長や教頭、指導主事たちが参加してい

た。全国の状況を知る絶好のチャンスと考えた私は、空き時間に、すべての都道府県の状況をじっくりと聞いた。その結果、本県の大学等進学率低迷の原因は、次の2点にあるという結論を得て、上司に報告した。

①週当たり授業時数が全国最低で、生徒の学習量が不足している。

②生徒の学力向上と大学進学のための効果的な指導が遅れている。

翌昭和57（1982）年の高校学習指導要領改訂を機に、県教委は週当たり授業時数34時間を「全国に遜色のない時数」と決め、すべての高校での実施を指示した。職員団体の反対はあったが、この指示は実施された。

昭和60（1985）年4月から2年間、私は教頭として勤務する機会を与えられ、各高校の実態を具体的に知ることができたが、この指示はその後の趨勢を決めるターニングポイントになったと思っている。

3　「国際情報高校」の新設

昭和62（1987）年4月、私は県教委に呼び戻され、管理主事として人事関係の仕事を担当することになった。

この頃、全国的な教育改革の高まりの中で、新潟県でも、国際化、情報化に対応する特色ある高校、国際情報高校の新設計画が進んでいた。

平成3（1991）年4月、この新設校を担当する参事に命じられた私は、開設準備のための検討委員会に諮り、少人数の英会話やコンピュータを活用する授業を導入し、アメリカの高校生との交流を進めるなど、特色ある教育を実施することを決めた。また、全国に通用する学力を養成し、生徒に自分の興味、関心、適性を深く考えさせるため、次の方針を決めた。

①週当たり授業時数は、県内最多の37時間とする。

②学力向上のため、宅習4時間の徹底と、「授業→課題→宅習→小テスト」の学習習慣を確立する。

③年10回程度、学習のしかたや人生に関する講話を聴く機会を設け、自分の学習や生き方について考えさせ、「チャレンジ精神」を育てる。

同年8月の校長発令を機に、県中学校長会総会等で新設校の理念や方針を説明するとともに、個々の中学校を訪問して直接中学生に国際情報高校

へのチャレンジを呼びかけた。明けて平成4（1992）年4月、県内50市町村78校から、160名の生徒が1期生として入学してきた。

　教職員は、「日本一面倒見のよい高校」を合い言葉に、生徒たちを励ましながら道なき道を進んだ。他県の先進校を何度も訪問して、学んだ。地元も保護者も、学校の方針をよく理解し、生徒を励ましてくれた。

　こうして、開校4か月後、最初の全国模試（進研模試）で一気に県内2位になり、全国の上位に食い込む生徒たちも現れた（3年後、この1期生たちは東大合格3名を含め、101名が国公立大学に合格した）。

4　「大学等進学率向上対策指針」の公表

　平成5（1993）年12月、県教委は、生徒一人ひとりの自己実現と、豊かで文化的な住みよい新潟県づくりに寄与する人材を育成するため、大学等進学率向上に取り組むことを公表し、各高校に対して授業時数の確保や、効果的な学習方法、学習習慣確立のための指針を具体的に指示した。指針の多くは、国際情報高校の実践と共通するものであった。

　同時に、県として、他県の先進校へ教員を派遣する事業を実施することや、県内に新たに大学を誘致すること、奨学金などの助成制度を充実することなども明らかにした。

　これを機に、県教委と学校とが一体になって、大学進学をめざす取組が本格的に始まった。

5　夢の実現

　明けて平成6（1994）年4月、後に大躍進する3期生の入学を見届けた私は、後ろ髪引かれる思いで、国際情報高校から県庁に戻った。

　三度目の行政では、高校改革推進室長として1年、高校教育課長として3年、教育次長として2年、さまざまな課題に取り組むとともに、職業学科の要望にも応え、すべての高校で大学進学推進をめざした。

　こうして、指針が公表された平成5（1993）年には46位だった全国順位は、平成10（1998）年に38位となり、ようやく40位台を脱することができ

た。「やればできる」という気運が高まり、全国並みの20位台も夢ではなくなってきた。

　平成12（2000）年、新潟高校の校長に赴任した私は、「新しいぶどう酒は、新しい皮袋に」を合い言葉に、スクールアイデンティティの検討を進め、難関大学・医学部合格者を増やす課題などに取り組んだ。

　また、県高校長協会の会長として、夏季休業中に多くの高校で実施する補習で利用する冷房設備の設置認可に取り組むなどして、4年後退職した。その年、本県の大学等進学率は全国36位にまで進んでいた。

　そして、私立高校の校長に転じて3年後の平成19（2007）年、ついに全国29位に到達、全国並みの20位台を実現することができ、長年の夢が実現した。多くの人たちの努力と協力の賜物であった。

　私立高校では、新潟明訓高校を中高一貫校に改組し、新潟青陵高校に高大一貫コースを導入するなどして、大学進学のさらなる推進に努めた。

6　転ばない人生などない

　長い教員生活（公立36年、私立13年3か月）のうちには、楽しく、愉快なこともいっぱいあった。しかし、うまくいかず残念な思いをしたり、落ち込んだりしたこともいっぱいあった。

　何度も転びながら、「転ばない人生などない」「これまた人生」「人間万事塞翁が馬」などと言いながら、前向き肯定的にチャレンジし続けてきた。

　今は、長年の夢が実現し、本県高校生の大学進学の環境を整えることができたことを、心から喜んでいる。

　中央研修で快く教えてくれた先生方をはじめ全国の仲間に、また、県内で一緒にがんばってきた仲間に、そして、長い間苦労をかけてきた妻に、あらためて感謝し、お礼を申し上げたい。ありがとうございました。

「主体的、対話的で深い学び」の先取り

元大分県立国東高等学校双国校副校長 **大鳥秀峰**

　高校数学教師になることを決めたのは高校2年の冬。数学で悩んでいる同級生が沢山いたため、そんな生徒たちを救いたいと思った。

　教員採用試験の小論文と面接では教員として取り組むテーマに「数学嫌いをなくす」ことを盛り込んだ。このテーマにより、試験官は「この人は採用されても向上し続ける教員になる」と思ったようだ。実際、私の「数学嫌いをなくす」研究は、現在もなお続く永遠のテーマとなっている。

1　徹底した教材研究

　採用後、まず始めたのは、教材研究。市販されている参考書・問題集を300冊くらい買い集めた。当時市販されていた参考書・問題集の8割くらいになると思う。そのうちお気に入りの30冊を机に並べ、徹底的に教材研究をした。1年から3年まで持ち上がる3年間はすべての授業について学習指導案（板書計画中心）を書いた。買い集めた書籍と先輩教員への質問で疑問点を徹底的に調べ尽くした。

　この教材研究で圧倒的な力がついた。2校目では、教科書の内容を全員に徹底するだけで定期考査における数学の平均点が私の担当するクラスだけ30点高くなった。数学に自信を持った生徒が多く、数学嫌いを減らすことができたと思う。3年間持ち上がった学年の国公立大学合格者数は例年の1.8倍となり、その高校の平成時代における最高数となった。

　3年間指導案を書いたことにより教科書の内容が頭に入っているため、その後の教員人生において授業準備はほんの数分でできたし、授業中教科書を見ずに板書できた。毎日出題する宿題プリントと毎時間実施する小テストの誤答分析をすると、何割の生徒がどういう間違いをするかが分析できた。その分析を踏まえて、授業中の問題演習中に机間巡視をしながら、

「ここをこう間違えている人が何人います」と言うと、生徒たちは「見透かされているようで怖い」と言った。信頼が高まると指導が浸透する好循環が始まる。

　徹底した教材研究のおかげで、授業説明は25分くらいで終わった。授業最初の小テスト5分、例題の類題演習10分を入れて40分。あと10分は教科書傍用問題集の類題を授業宿題とした。生徒に「残り10分、授業宿題をするのが良いか、私の雑談が良いか」と聞くと、皆雑談が良いと答えた。そこで、毎時間10分の雑談をすることになる。雑談の半分は数学に関する話で、半分は趣味や家族や社会情勢などの話。この話が数学好きを増やすのに大きな役割を果たした。教え子に高校数学教員が多く現れたのも雑談の効果ではないかと思う。

2　自主性を育てる指導

　新採用から15年くらいは、基礎・基本を徹底することで数学の成績を伸ばしてきたが、H県立M高校A先生との出会いが授業スタイルを一変させることになる。M高校では「生徒を引っ張り上げる」指導をしており、国公立大学合格者数190名を越えることができなかったが、A先生は「生徒の自主性を育てる」新たな指導で、国公立大学合格者数を220名越え（難関大学合格者も増）に導いた。その主な指導とは、次のようなものである。

　①1年次から生徒の実行委員会（修学旅行実行委員会など）を組織し、生徒が考え実行する場を多く作った。

　②数学の授業では、生徒に自分で板書した解答の考え方を説明させた。

　③班学習で生徒が教え合う場面を多く作った。その際、班構成（できる生徒を班に配置）とルール作りに細心の注意を払った。

　これらの取り組みで、生徒の中にリーダーが育ち、生徒たちの内容理解が深まり自己肯定感が高まった。考え方を説明し教え合うことで思考力と表現力が高まった。現在進められている「主体的、対話的で深い学び」を先取りする取り組みで、M高校の進学実績を飛躍的に伸ばした。

　私は授業中に生徒の考え方を問い、解法の方針を答えさせるようにした。

また、生徒同士で教え合うことを奨励した。すると、生徒に解法を見通す力、思考力、表現力がついた。家庭学習課題については、半分共通問題、半分自由課題（自分に応じた復習など）としたところ、生徒の取り組み内容の密度が高まり、生徒の満足度が高まった。「引っ張り上げる」指導から「自主性を育てる」指導へ転換した結果、生徒の自主的な学習態度が育成され、進んで学習する生徒が増え、学年の学力が伸びた。飢えた子熊に1匹の魚を与えるのではなく、魚の捕り方を教える指導である。この指導にはすさまじい手間がかかるが、たくましく生きる力が身につく。この指導を貫くと3年次の成績が尻上がりに伸びるが、1、2年次の成績の伸びは業者模試等に現れにくいため、生徒たちの内面的な成長を辛抱強く見守る必要がある。自主性の伸長を明確に測ることが難しいためである。

　ある全国調査によると、新入社員に求められる資質の第1位は「主体性」となっている。「自主性を伸ばす」指導は数学の学力をつけることにとどまらず、社会人として生きて行く資質を育成することにもなる。

3　基礎・基本の大切さ

　ある学年で、2年生終わりの春休み課題に、教科書の例（1ポイント）、例題（2ポイント）、応用例題（3ポイント）を合計200ポイント以上解くことを課した。どの分野、どのレベルの問題を解くかは自主性に任せた。すると、成績上位のHさんは中間点検の段階で基本的な例を中心に400ポイント解いてきた。そのとき、私はHさんを呼んで、「あなたは例題と応用例題を中心に解いた方が良い」と伝えた。しかし、Hさんはその後も例を中心に解き進めた。1年後、国立大学医学部医学科に合格した。Hさんは、基本的な問題演習が自分には必要だと判断し、基礎・基本から固め直す勉強がしっくり来たのだろう。彼女の合格は、基礎・基本が応用力育成につながることを確信する好例となった。

4　学力の3要素との関係

　原理を理解し、公式を証明でき、復習の仕方を身につけ、それらを活用

することにより、生徒は自分の力で応用力まで高めることができる。生徒は目の前にある山を自力で登れるようになる。生徒が自主的な学習をするように仕掛けることこそが、生きる力を育成する指導の本質だと思う。教員人生の後半に「自主性を育てる」ことを主眼に取り組んできて、生徒は意欲的に学習に取り組み、尻上がりに学力を伸ばした。教員たちは本質的な教育が実践できている心地よさを実感した。

　私の取り組んできた

　①基礎を固める。

　②解法の方針を言えるようにする、教え合う。

　③自主的な学習ができるようにする。雑談をする。

は、学力の3要素①基礎的・基本的な知識・技能の習得、②思考力・判断力・表現力の育成、③学習意欲、と一致する。

5　力を借りて疑問を解決

　教員がすっきり理解していないと、生徒にはすっきり伝わらない。若い頃、高校数学で扱う内容の中に、疑問に思うことが沢山あった。書籍や職場教員への質問で解決できないことがいくつかあった。そこで、私は研究会に出かけ、全国の高校数学教員と知り合いになり、力を借りてほぼすべての疑問を解決した。その成果は、『高数大分』（高教研数学部会編）などの研究論文集に毎年投稿した。私の疑問は多くの先生方の疑問と重なっており、多くの反響をいただいた。解決に20年かかった疑問もあったが、一人では解決できない疑問も多くの人の力を借りると解決できた。

　さて、退職後は家業（不動産賃貸業）を継いでいる。人生100年時代を迎えた今、第二の人生は教員時代に匹敵するくらい長い。第二の人生を歩き始めて2年が経過したが、有限会社の2代目代表として、社会に貢献しつつ、父が起業した会社の発展に努めたい。

素晴らしき教職人生

元沖縄県立首里高等学校校長　**中村孝夫**

1　はじめに

　36年の教職生活に幕を下ろした。つらいことや悲しいこともあったが、それ以上に多くの喜びと幸せを学校現場、子どもたち、あらゆる人々から無限にいただいたことを確かな実感として感じている。教諭時代においては、学級担任、学年主任、舎監長、進路指導主任、教務主任等々、様々な役割を担った。管理職として、青少年教育施設における専門職の従事、教頭職、行政での人事管理監、校長職等々に関わった。一人ひとりの児童生徒のために教育機関が存在するという信念が教職生活の基盤であり、座右の銘として、常に意識を携えて歩んできた。

2　教諭時代

　昭和54年4月に、沖縄県の離島のひとつである久米島の中学校への赴任を皮切りに、中学校4校、高等学校7校の計11校の学校現場を教諭として勤務した（臨時任用期間も含む）。

（1）夢・目標の実現を追いかけて

　筆者の教育理念の大きな柱は、「夢」「目標」の実現である。この理念は、自身への自戒も含め、常に子どもたちに語り続けてきた。夢・目標を設定することにより人生が動き出す。それは生きるための原動力となる。実現すれば、次の夢・目標を追いかける。このような人生の在り方を生徒に伝えてきた。さらに、心がけたことは、常に生徒が主役になる教育の在り方を追求した。学級担任を担った際には、学級通信の発刊を継続した。教育に関わる随筆、小論等を主とし、教育理念や様々なテーマで、「ことば」を生徒に与え、生徒の知識欲の刺激を図った。数学の授業においては、月に数回は、生徒に教師役、板書役、資料係等の役目を与え、授業を担当さ

せた。生徒が自ら考える学級、教科授業等により、学級は活気のあるものとなった。これは、勤務したすべての学校現場において継続してきた実践である。夢・目標を子どもたちに語らせることは大事なこと、「医者」「大学教授」「研究者」「教師」「警察官（刑事）」「自動車学校教官」「弁護士」等々、様々な素晴らしい職業を夢とし、クラスメイトの前で熱く語った子どもたちが、その夢を見事にかなえ、現在、社会の第一線で活躍している。子どもたちの夢実現の支援ができたことに深く感謝したい。教師は、良くも悪くも子どもたちの人生を大きく変える機会に出会う。このことが教師たる所以であり、大きな生きがいである。また、県高等学校数学研究会において、全県、全九州における研究発表や、文科省主催の「進路指導中央研修」等々、様々な研修機会にも恵まれた。

（2）大学院研修時代

　兵庫教育大学大学院生徒指導コースにおいて2年間研修する機会に恵まれた。臨床心理学を専攻し、カウンセリング訓練、先行研究の分析、論文作成、学会研究会、他地区における事例研究会への参加等々、夢のような充実した日々を過ごした。研究テーマは、「高等学校における進路カウンセリングモデルの構築」。学んだ臨床心理学理論やカウンセリング技法等を学校現場の進路相談に活かした実践研究である。院修了年度に日本カウンセリング学会（主催地：名古屋大学）において発表したことも貴重な体験となった。

3　管理職時代

（1）青少年教育施設における勤務

　平成16年度の3月上旬に、沖縄県の離島のひとつである那覇市の南方32キロに位置する渡嘉敷島に所在する独立行政法人沖縄青年の家（後に沖縄青少年交流の家に改名）への出向の内示をいただいた。主任専門職という国の指導主事（教頭職）となるらしい。着任して早々、1週間の海洋研修（カヌーの漕ぎ方、危機管理、救助訓練、海洋監視等々）後に、4月から開始された様々な研修団体への研修支援等を担った。これまでの学級指導

や数学教科指導から全く異なった分野・領域での教育活動である。国の青少年教育施設においては、年間に8〜10本の主催事業を実施しなければならない。事業の企画、予算計画立案、収支決算、事業中におけるそれぞれのプログラムの講師の依頼、派遣に係る様々な雑務等々があり、さらに日中は事業に係る業務に加えて日々の研修生の受け入れ等々が発生し、昼夜ほとんどの時間が勤務の状態であった。ただ、この2年間の勤務経験、全国の他教育施設や講師陣に関わる人的ネットワークの拡大等は後々自分自身の極めて貴重な糧となったことは言うまでもない。

（2）教頭として（率先垂範の重要性）

　2年間の教育施設勤務を終えて、教頭として沖縄県南部地区の高等学校へ赴任した。家庭環境の厳しい生徒、学力的に支援の必要な生徒、発達障害の生徒等も存在する等、様々な課題を抱えた学校現場であった。着任早々、目についたのが、校内、学校敷地内におけるゴミ、チリの散乱である。年度初め、毎朝7時前からの40〜60分程度、ゴミ袋を抱え、チリ拾いを行った。職員、生徒を集うことなく黙々と行い、1か月も経った頃には、校内、敷地内のゴミが激減した。さらに賛同する教職員が共にゴミ拾いをやりだした。教職員へは生徒に指示をすることのないように配慮をお願いした。2か月目からは、自然発生的に生徒が集まりだし、校内美化に励んだ。生徒の行動を認め、評価することで、生徒の自己肯定感が高まり、他の教育活動にも大きな波及効果をもたらした。特に、教頭職において留意した点は、校長の理念を具体的に教職員に伝え、具現化に努めることである。

（3）副校長として

　2校目の教頭職赴任は、県内でも唯一の伝統校においての副校長としての勤務である。2年間の教頭職経験の反省、改善事項等を活かし、校長の補佐を更に徹底するよう意識を高め、特に、地域からのクレームや職員の課題、問題事項等々、徹底して危機管理に努めた。その年度は本県県立学校における初の副校長職に対する様々な課題、提言を行政との連絡会議において行った。

（4）行政職（人事管理監）の勤務

　沖縄県教育委員会県立学校教育課における人事管理監を仰せつかり、人事に係る様々な案件、課題に日々取り組んだ。特に思い出深いのは、各学校の管理者（校長）面談において全県の校長から提出される学校経営、目標等を整理し、1冊の資料として全県の校長に配布したことである。相互の学校経営を共有することができ、非常に有用で貴重な資料となった。

（5）校長として

　2校の学校において校長職を経験した。参考までに、校長職として、特に留意、意識を高めた事柄を何点かあげたい。

①　優柔不断な態度を、絶対に取らないこと。決断力を高め、自信を持って、教職員にリーダーシップを発揮すること。

②　全面の責任を取る姿勢、態度を教職員に示し、絶対の信頼を得る。

③　常に報連相を徹底させる。スタッフ会議は、全主任、各リーダーを召集し、意見を吸い上げる。会議時間の無駄を省く。

④　常に自身の健康管理の徹底を図り、心身の健康を保つこと。

　自分自身の思うような学校経営、学校運営ができる校長の立場に就任できたことに深く感謝したい。特に、最後の職場として県内随一の伝統校である首里高等学校に勤務することができた。3年間の在位に恵まれ、1年目から3年間の長期計画のもとで、学校史に残る実績をあげることができた。また、最後の2年間は、沖縄県校長会会長に選出され、様々な役職を経験し、さらに充実した時を過ごせたことに深く感謝したい。

いつの時代でも変わらぬ教師の使命感

元沖縄県総合教育センター所長　元財団法人沖縄県国際交流人材育成財団理事長　**玉城哲也**

1　はじめに

教師は常に学ばなければなりません。

先の時代を創っていく子ども達を育てる仕事だからこそ、"今"を教えるばかりでなく、"未来"を見据えることが必要です。そのために、初任者研修・経年研修などが用意されていますが、そればかりだけでなく、様々な研修会に参加する、書物を読み漁るなど、自ら率先して学ぼうと挑むことこそ、教師として最も重要な資質と考えます。「人間は学習する動物」と言いますから人類皆そうでしょうが、教師はもっと能動的でなければならないと、私は思います。

より高い専門性と豊かな個性を持ち、教養に溢れた、魅力的な教師との出会いは、子ども達にとって、大いなる肥やしであり、その後ろ姿は、かけがえのない財産の一つとなることでしょう。

♪社会に向かう子供らに　学びの気持ちを育てよう　学は光

これは、私が県総合教育センターの所長時代に作曲した所歌の一節です。子ども達へ学ぶ意欲を喚起させることのできる"先生（先を生きる者）"こそ、100年経っても変わらない教師の使命だと思うからです。

2　私の歩み

（1）使命感の誕生（私の中に使命感が）〜学生時代〜

沖縄が祖国復帰した1972年に地元の高校に入学した私は、吹奏楽部員として毎日好きな音楽に没頭していました。しかし、高校最後の大会も銅賞に終わり、卒業を前に「このままでは、いつになっても金賞は取れない」という話がでました。沖縄では、私の住む北部と、中部や那覇とは、音楽的な環境の格差が大きく、指導者も少なく、"毎年銅賞"が当たり前でし

た。「僕が音楽の先生になり、金賞が取れるバンドを育てたい」。こうして私は音楽大学に進学したのです。

（2）音楽で学校を変えたい！　〜新米教員時代〜

　夢叶って中学校教員になったものの、昭和50年代の沖縄は、校内暴力荒れ狂う時代でした。新米教師の私も生徒から殴る蹴るの暴行を受け、あの夢に描いた「北部でも金！」とかけ離れたもので、生徒指導に明け暮れる日々でした。

　しかし、授業や校内分掌の他、吹奏楽部の顧問をしていた私の心の中では、依然として高校時代の思いは生き続け、夢を叶えるにはどうしたらいいか、と常に考えていました。

　そして、"音楽の取り組みで学校を変えたい"と思うようになりました。以下、私が考え、実践したことです。

①生徒達のモヤモヤを歌で発散

　歌唱教育の本来の目的とは外れていますが、今この子達に必要なのは"発散の場"と考えたのです。

　歌が"発散"効果を持つものであることは、"カラオケ"に熱中する世の中が証明していると、今になって思います。

②道徳的な歌を取り上げる

　「母を思う」「友情」「諦めない心」「若い心」など、道徳的な意味合いの選曲を意図的に行いました。歌に込められた思いの指導と共に、担任達も共に歌うようになり、学級合唱が盛んになっていきました。学級では、担任と生徒達をつなぐツールになっていったようでした。

③吹奏楽部員も常に歌を

　当時、マーチングにも力を入れていた私は、自作のマーチング曲『琉球』の中に歌を取り入れ演技させたり、定期演奏会でも歌伴をさせ、教師や部員他生徒らを歌い手にしたりするなど、常に歌のある活動をしてきました。学校の中で音楽を引っ張る役割を部員が担いました。

3 管理職の使命

人の上に立つと、また違う使命があります。

(1) 部下を守る

何かあるとすぐに訴えるという保護者が増えました。事の善し悪しは別として、校長は職員を守ることも大事です。特に保護者からの理不尽な要求は、校長が盾になりたいものです。職員の指導は、その後でいいです。なぜなら部下を守り育てることも、上司としての大きな使命です。

(2) "報告・連絡・相談・(確認)"はすべてに大事

学校運営において、職員間の"報・連・相・(確)"の大切さはよく言われることですが、校長が何を考えているか、何を思っているかを職員に知らせることは何より大事と考えます。学校内外すべてにおいて責任者であり、教育者であり、交渉者であるからです。

まず、校長こそが、職員・生徒・保護者すべての関係者に、自身の思いや考えを発信し、相手の思いや考えを受け取るべきであり、このようなコミュニケーションが学校運営をよりよくしていく要と考えます。

校長が確固とした考えを持っていることとそれを言葉にして発信せねばならないからです。発信法としては、お便りがもっとも適しています。講話のような音声は消えてしまうし、的確に伝わったか確認も難しいからです。私は、数多くの「学校便り」「校長通信」を発行してきました。文章化しておくと、自分自身も読み手も確認が容易なので確実に思いや考えが伝わります。

(3) 校歌の活用

学校の校歌には、その学校の歴史や文化、目標、地域の位置などが詰まっています。学校経営において校歌ほどすばらしい価値のあるものはありません。校歌を研究して下さい。

4　これからの先生に望むこと

（1）退職後は、ただの人

　退職後は、これまでの肩書きは通用しません。無職です。ぜひ、自分の置かれた立場を理解し、肩書きを捨て、ひとりの人間として生きてほしいと思います。

（2）今、後輩に伝えておきたいこと

　感染症（コロナ）など、時代への対応ができる人になるために、芸術文化や歴史を学び、自分の意識改革と職員の意識改革を心がけてほしいと思います。

5　終わりに

　現役を退いた今、五線紙に向かい、作詞作曲したり、編曲したりする時間は至福のときです。これも、思えば、楽譜が手に入らない高校時代に、独学でピアノを弾き、見ようみまねで楽譜を書いていたのが原点です。楽譜が無いと演奏できない吹奏楽部にとって、楽譜は最も大切なものです。若い頃の夢というのは、老齢になっても消えないものです。そして、いくつになっても叶える方法はあるのだと、今、楽しい時間を過ごしています。

　どんな時代にあっても、平和な社会を希求し、誰もが幸福になれる、心豊かな子ども達を育てたいと思う気持ちに変わりはありません。「逞しく生きる力」を育むと同時に、「人に迷惑をかけない」「人を傷つけない」ことや「人を敬う心や態度」「素直に学ぶ態度」「感謝する心や態度」「親孝行のできる人」「社会に貢献できる人」「話がわかる人」など、誰しもが望む当たり前の人間に育てていくために、ひとつひとつ考え行動することが教師の（私たちの）使命だと思っています。

沖縄県児童生徒の学力向上をめざして
―「凡事徹底」の運動を推進―

元沖縄県教育委員会教育長　仲村守和

はじめに

　過日、宇田津一郎先生より本書への執筆の依頼を受け、喜んでお引き受け致しました。理由は二つあり、一つは、教諭23年間、校長・教頭５年間、教育行政11年間、沖縄県国際交流・人材育成財団２年間と41年間にわたって教育に関わってきた自分自身を振り返ってみる良い機会だということと、沖縄県の進路指導で大変お世話になり、尊敬する宇田津先生の依頼は絶対に断れないことです。

　さて、私の学生時代の琉球大学のキャンパスは先般消失した首里城の建つ城趾にあった。そのことを県外の友人に話すと、実に贅沢なことだと吃驚していた。那覇市内が一望できる高台の静かな空間は学問の府としては最高の立地だった。

　日本復帰２年前、私は琉球政府立名護高校に採用された。大学を卒業したばかりで、定時制生徒の実態や授業の理解度などお構いなく物理の授業を進め、定期テストはほとんどの生徒が０点であった。「生徒がわかる授業」や「教師の実践的指導力」がいかに大切であるかが骨身に染みた。まさに、学校教育の正否は教師の力量に負うところが大きい「教育は人なり」を体現した。この思いは41年間の教育に携わる「座右の銘」となった。

１　「逃・誤・利」のない生き方

　平成５年度、沖縄県総合教育センターの地学研究室の指導主事を拝命した。専門外の配置である。理科研修棟の屋上に「天体ドーム」の建設が進んでいて、仕事は雨靴を履いての竣工管理で、5000万円の予算で県内初のコンピュータ制御による自動追尾システムの200mm屈折望遠鏡を設置することである。天体観測を一度もしたことがなく、当然、天体望遠鏡を稼

動させるノウハウもなく困惑していた。周囲は指導主事なら専門家だと勘
違いをしている。そういう時に、自分は専門外で分かりませんと逃げるわ
けにもいかず、にわか勉強で知識を詰め込んだ。そして、専門家や研究者
の皆さんに自分の浅学さを正直に話し教えを請うた。その結果、天体望遠
鏡をスムーズに稼働させ研修に資することができた。

　つまり、そこで学んだことは、どんなに困難な仕事でも一人で抱え込ま
ず謙虚に多くの人の英知を借りれば成就できることである。

　「逃げない・誤魔化さない・利口ぶらない」という生き方は県教育長で
の問題解決のバックボーンになった。

　平成19年度の教員採用試験で採点ミスがあり多くの受験者が不合格に
なっていることが分かり、前代未聞の大きな社会問題として連日マスコミ
に取り上げられた。わたしは採点ミスの顛末を正直に県民に伝え、謝罪す
る中で解決の方向性を示していくことが教育長の責務だと考えた。記者会
見は4時間余にわたり厳しい質問が飛んできたが一つひとつ丁寧に誠心誠
意対応した。不合格になった受験者が不利益にならないように合否判定を
やり直し追加合格を出して対処した。県議会でも多くの質問を受けたが丁
寧に答え、情報を正直に開示したことで県民の理解を得ることができたと
考える。私は、採点ミスが起こっても担当者を一度も叱らなかった。あく
まで組織の劣化が引き起こしたものと考えたからである。このことから学
んだことは、「報連相の徹底」と「前例踏襲の打破」「画竜点睛」である。

2　校長のリーダーシップで学校改革

　「教育は人なり」とか「教師が変われば生徒が変わる」と言われるよう
に、学校教育の成否は教師の資質能力に左右されると考える。それでは校
長の品格はどうかというと、「信望力」「決断力」「実行力」「洞察力」「包
容力」の5つで成り立っている。校長は周囲への「目配り、気配り、心配
り」と、論語の「寛なれば、則ち衆を得」の通り、自分に厳しく他へは寛
大であるべきである。信頼は相手を信頼することで生まれてくるのである。
私は「校長は空を舞う鷹の如く、教頭は草原を疾走するダチョウの如く、

指導主事は天空を舞うカンムリワシの如く」という例えを話してきた。校長は高い見地から学校を俯瞰し教育目標を指し示さなければならない。

　平成14年度、県立読谷高校に校長として赴任した。着任早々「読高生はダイヤモンドの原石である」というメッセージを生徒に発した。当時の学校は国公立大学合格者が１桁台で子どもたちの能力を伸ばしてない状況であった。学校改革は校長の率先垂範からである。まず毎朝７時に校門に立って部活や０校時（７時半からの授業）の生徒を迎えた。校長が毎朝７時に校門に立っていることが地域でも話題になり特進クラスの活性化につながった。生徒や職員、保護者の進路意識を喚起するために宇田津先生に３年間に十数回にわたって進路講話をいただいた。徐々に学校全体に自信とやる気が漲ってきた。さらに、生徒にボールペンを無償提供し学習量を高める「ボールペン使い切り運動」、長時間勉強する習慣づけの「宿泊学習会」、地域住民・OB による進路講話「読高セミナー」等を行った。

　また、教師の意識改革のために福岡県立筑前高校へ派遣した19名の教師が学校改革のパイオニアになった。数多くのしかけが奏功し、今では国公立大学合格者が毎年50名以上を数え、男子ソフトボールが全国優勝するなど文武両道の学校となっており、地域からは「村立高校」と親しまれ、「読高生はダイヤモンドの原石」であるという言葉は語り継がれている。

3　本県児童生徒の学力向上をめざして

　県教育長を平成19年度から２年間務めた。その間「高校歴史教科書問題」「学力向上対策」「教員採用試験の改革」と大きな問題に直面した。

　特に、平成19年７月10日、43年ぶりに実施された「全国学力テスト」の結果が公表され、小中学校ともに全教科で全国最下位という結果に衝撃を受けた。昭和63年から連綿として学力向上対策を県教育委員会の主要施策に位置づけ取り組んできただけにショックは大きかった。結果は真摯に受け止め文科省には特段の支援をお願いし、庁内には「沖縄県学力検証改善委員会」を設置し、学校改善プランを作成した。早速、「学力向上推進PT」を発足させ、教師に「わかる授業」「参加する授業」「楽しい授業」

等の授業改善を促し、児童生徒の「確かな学力」定着をめざした。

　また、学力全国一の秋田県に学ぶために、根岸均教育長に電話で小中教員の相互交流を申し入れ覚書を締結し教員交流を始めた。つまり、本県の教師が秋田県の取り組みを学び、秋田県の教師が本県で実践指導することで学力向上対策に大きく貢献した。今でも教員交流は継続している。

　児童生徒の「学力の差」は「基本的生活習慣の差」だと言われることから私は、基本的生活習慣を確立するキャッチフレーズに「凡事徹底」の運動を掲げた。「当たり前のことが当たり前」にできる子どもたちを育てることである。当たり前の生活習慣として「挨拶をする」「靴を並べる」「清掃をする」「時間を守る」「人の話を聞く」「相手を尊重する」「いじめをしない」などを例示しポスターを各学校に配布し「凡事徹底」運動を進めた。学力問題を解決する即効薬はない。まずは「家庭学習」などの家庭教育をしっかりさせること。そして、教師には児童生徒に「わかる喜び」（達成感、充実感）を感じさせ、「自ら学ぶ力」を育てる責務がある。

　全国学力テストの実施以降、学校・地域・行政が一体となった学力向上の取り組みがなされ、平成30年度の全国学テでは、小学校が全国17位、算数Ａは全国４位まで伸びてきた。中学校は依然として最下位であるが全国平均に近づいている。本県の学力向上対策の取り組みは着実に成果を上げ、児童生徒の学力は確実に向上していると言える。

4　退職後の社会貢献

　本県高校生の課題の一つに難関大合格率の低さがあり、宇田津先生を顧問に研究会を立ち上げ、難関大チャレンジセミナーを開催した。難関大の入試問題に挑戦させたり難関大学生との交流会などに取り組んだ。その後、県が一括交付金で事業化し成果を上げている。現在、私は「沖縄県私立学校審議会」と「沖縄県 NIE 推進協議会」の会長を務めている。特に、NIE 教育は新聞を通して児童生徒が「お互いに教え合い学び合う」ことで社会性や学力向上に役立つと考える。サミュエル・ウルマン「青春」の詩のように情熱のある限り本県教育の支援をしていきたい。

教師冥利に尽きる

元宮崎県立宮崎海洋高等学校校長　**安部勝也**

1　教員として

　筑豊炭田の興隆とともに発展した福岡県直方市の鞍手高校に学んだ私は他愛もないことで宮崎大学に進んだ。生物部の貝類調査のために訪れた宮崎市は、当時まだ石炭を燃料としていた筑豊の景色とは余りにもかけ離れており、美しい街並みが広がり何より太陽と緑に溢れていた。貧弱な体力の強化とばかりに受験した学芸学部保健体育科に合格、最初に悩んだ部活動だったが陸上部主将外山方圀先輩の勧誘を幸いとばかり入部した。しかし、練習は生半可なものではなく途中何度も挫けそうになったが先輩の手綱が巧みだった。夏を過ぎ遅かった成長期も重なり体力が充実すると練習効果は記録に表れ、次第に長距離走の面白さが分かってきた。折しも石炭から石油への「エネルギー革命」、石炭産業に多くを依存していた筑豊はその煽りをまともに受け家業の3代目として故郷に戻る必要がなくなった。

　幸い、時代は、保健体育科を卒業し希望した全員が採用試験に合格するなど高度経済成長期の真っ只中、開校間もない小林工業高校教員に採用され新任教師は5人を数えた。陸上部顧問をしながら念願の国体や九州一周駅伝への出場が叶い、生徒は二の次で自分の練習に打ち込んだ。やがて競技力にも限界が見えはじめ、5年後の人事異動が指導者へ舵を切るきっかけだった。かつて駅伝強豪校だった高鍋農業高校への転出は、はからずも外山先輩率いる常勝小林高校が最大の目標となり胸の高鳴りを抑えることができなかった。手始めに選手を勧誘したが行く先々で小林高校の壁が立ちはだかり陣容を整えるだけでも3年の月日が流れた。指導者が先頭に立って生徒を引っ張る練習では走力は安定せず歯がゆい思いはさらに数年続いた。ようやく態勢も整い巡ってきた千載一遇の機会は気持ちばかりが先走りし、あろうことか勝負所で自滅、全国大会への夢ははかなく潰えた。

練習に明け暮れた生徒の努力やOBの熱心な支援にも報いることができず、指導者の未熟さを思い知らされた10年間は異動とともに終わった。

　宮崎県高体連生みの親、内之倉忠男教頭との富島高校での出会いは、遅きに失したとは言え自分自身を見つめ直す契機だった。得意げに持論を披瀝するうちに体育教師は部活動がすべてと口を滑らせた途端、一喝!　おもむろに部活動の在り方や教師のあるべき姿を懇々と説き諭された。しょせん軽薄な教師像は完膚なきまでに叩き壊され、教頭を師と仰ぎやり直す機会は今しかないと思い至るまでに時間はかからなかった。体育的側面からの学校改革を見据えておられた教頭の手足となって学校行事を大胆に見直した。急激な変化に戸惑う職員とは個別に話し合い、また職員会議で理解を図ることで1年足らずの間に職員の輪は大きく広がっていた。見違えるように生き生きと学校行事や授業に参加する生徒の姿に、管理職の姿勢で学校が一変することを身をもって知った。

　全国高校総合体育大会の開催が確定、相前後して全国中学校体育大会、世界ベテランズ陸上競技大会の開催も決まり準備・運営を担うことになったのもその頃だった。総体や全中はマニュアルを引き継ぐことで運営できたが競歩やマラソンを含む陸上競技全種目に78か国1万7000人余の中高年競技者が参加、11日間にも及ぶベテランズ大会は想像をはるかに超えていた。連日のように競技時間は遅延、照明装置をにわかに手配したり、審判員ばかりか選手にも夜食を準備するなど想定外でその対応に奔走することもあった。しかし、それも含めて国際大会の運営や通訳を通してとはいえ、多くの外国人選手と交流できたことは僥倖であったとしか思えない。

　総体の前年に宮崎西高校に転勤、準備室と学校の掛け持ち勤務だったが、宇田津一郎校長の配慮で業務に邁進することができた。折しも学校では学習指導要領の改訂を受け学校5日制の導入が検討されていた。学力低下を懸念する普通科高校は授業時数の確保に苦心するなか、校長はいち早く教育課程を見直し学校5日制を試行された。各界第一人者の講演会や文科省の研究指定校での生活・社会体験活動により「生きる力」が育まれることを確信したかのような先見性と決断力が職員そして学校を牽引した。

諸大会の残務整理も終わり50歳を過ぎて県教委保健体育課へ出向、先輩外山課長のもとで初めて行政に携わった。近年、低迷している国体の都道府県成績をマスコミが取り上げ、県議会でも質問され競技力向上対策が喫緊の課題だった。競技スポーツの強化と生涯スポーツの振興という大命題にたじろぎながらパソコンに向かう日が続いた。夜を日に継ぐ県議会への対応に目を疑い、県庁職員の実務能力には舌を巻いたが費用対効果の優先や縦割り意識に違和感をぬぐえないまま3年間が過ぎていた。依然、国体の成績は振るわず県議会に特別委員会の設置が決定した年度末、県民スポーツを統括する県体育協会専務理事を命じられた。選手強化の最前線への辞令に困惑したが競技力向上対策が最優先課題であることに変わりなかった。特効薬など無いに等しく従来の検証とともに本県独自の強化策を打ち出すため実績のある都道府県に学びながら、競技団体を激励しては現場の意見に耳を傾けることに努めた。成果はおろか取り組みはまだ緒に就いたばかり、わずか1年で宮崎海洋高校長として学校現場に帰された。行政での4年間は比べようもない貴重な経験だったが忸怩たる思いにかられた。

　気がつけば定年まで3年、実習船がハワイ沖でマグロ漁を行っている程度の認識だっただけに赴任後は新たな発見の連続だった。職員や乗組員は個性豊かで独特の教育観を備え人間味に溢れていた。「県民の船」を自負する乗組員の認識が船長や機関長の高い専門性と教育者としての見識にあることも分かった。かつての水産高校のイメージを払拭、中学校や地域社会に受け容れられ生徒募集や進路指導は順調に推移していた。深刻な財政事情から憂慮していた実習船の建造も県教委の内部で前向きな検討が始まり、他県から羨望の眼差しを向けられた。学校ならではの問題や難題が発生したが常に教頭・事務長と膝詰めで対策を講じて職員に諮り解決策を模索する姿勢を最後まで崩さなかった。教頭・事務長に恵まれたことが最善の解決策だった。2か月余の実習を終え三崎港に水揚げする実習船を迎えたが達成感に溢れた生徒との再会こそ教師冥利に尽きるものだった。

2　退職後

　退職後は教育相談員、中学校のスクールカウンセラーとして７年間勤めたが相手の話を共感的に聴くことの難しさを知り問題や悩みの本質に迫ることができず、宮崎陸上競技協会の理事長選任を機に退いた。ボランティア活動に支えられた協会は陸上競技の普及・強化に永年貢献してきたが課題も表面化し、時代の要請を踏まえた法人化による透明性が求められていた。抜本的な組織の改革と同時に従来の規約や規則を見直し定款の作成を手がけたが、予想以上に煩雑で公証人役場や法務局での手続きや複式簿記のルールなど今までにない経験だった。法人化への道筋がついたものの、地方都市の宮崎市でも交通状況の悪化により駅伝大会は存続の危機に瀕していた。しかし、この事態を好機と捉えるしかなく、県民主体を前面に打ち出しコースを短縮して市内に固定することで県警との協議に臨んだ。もう一つクリアしなければならない課題はチーム編成や選手の派遣に関わる業務として全市町村役場への窓口設置だった。持続可能な大会にするためには不可欠の要件だけに意を決して臨み、市町村の理解を得られるよう懇願した結果、開設の見通しが立った。県警との協議は大詰めとなっても議論は迷走、夜も更け今日も駄目かと諦めかけたその時、夢想だにしなかった県警有志の英断により一転して「宮崎県市町村対抗駅伝競走大会」が産声を上げた。当初、過疎化が進む市町村はチーム編成にも苦労したが大会を活用した地域活性化策が首長や議会を動かし、触発された市町村との間で競争意識は瞬く間に高まっていった。一般財団法人の認可と同時に新設した事務局で導入した定年制を適用する年齢を迎えていた。

　故郷を後にして50余年、宮崎での運命的とも言える先達との出会いから今日までの道のりに万感の思いが込みあげてくる。感謝してもしきれない宮崎への思いを断ち切って故郷を終の棲家とすることになぜか躊躇することはなかった。今はどこまでも青空が広がる故郷、雄大な福智連山を見渡しては遠賀川の久遠の流れに心地よさを感じている。今日も散策ついでに「鞍高坂」を上っていると、後ろから颯爽と追い抜いていく高校生に思わず自分の姿を重ねている。

現役時代の回顧と退職後の在り方について

元長崎県立壱岐高等学校校長　**廣瀬典治**

　退職後は、地元の専門学校長に就任して8年目を迎える。現役時代と同じく、若者の成長に携わることができ、日々の課題に奮闘しながら、充実した日々を送らせていただいている。

1　教諭時代

（1）初任時代

　授業に自信が持てず悩む日々が続く中、初任者研修で同じ悩みを持つ同期の先生方の明るく前向きな姿勢に触れ、消極的な姿勢に終始していた自分に気づき自分の中に「意識の変革」を感じることができた。以後、授業研究を強く意識するようになった。様々なアドバイスをいただいた先輩方、前向きの気持ちを持たせてくれた同期の仲間たちに今でも感謝の念を忘れない。

（2）中堅・主任時代

　先輩方から「すべての生徒指導の基盤は授業」とたたき込まれた。社会科教師として、社会教科6科目すべての教科指導を経験した。文化祭での担任クラスの取組みは、社会性のある催しを意識して取り組ませた。「戦後50年」にあたる1995年、2年生の担任クラスで戦後の政治経済、文化の変遷を生徒とともに調べ展示したことは、印象深く残っている。生徒が一体となって真剣に取り組んでくれたことに感動を覚えた。

　進学校で、1学年主任時代、学力向上のために2年次から「習熟度別学級編成」を提案した。生徒間に意識の分断を生むという多くの先生方の強い反対意見の中、何回もの学年会議を通して、「習熟度別学級編成では、上位クラスにはより高度な授業を、普通クラスにはより分かりやすい授業をすることができる。すべての生徒にメリットのある学級編成である。普

通クラスの生徒の意識の持たせ方については、我々教師の指導の在り方次第である」と説得し実現した。

2　教頭時代

様々な問題解決のため、「本田宗一郎行動指針」から「三現主義」を座右の銘とした。

　一、現場に行く　　　　一、現状を知る　　　　一、現実的である

教頭職5年間を通して、主に心掛けたことは、

①校長の立場に立って考え行動する：校長の考えを先取りし、校長から催促・請求される前に取り組み、教頭段階で解決する。

②情報収集を敏速に：特に「悪い情報」を一刻も早く。

③職員との対応を密に：適材適所で、組織として機能する学校づくり。

④地域との良好な協力関係づくり：教頭の大きな職責。

教頭初任校は、連携型中高一貫教育校で、学力向上のための中高の連携に苦心したが、高校3年生には、週末の泊を伴ったセミナーハウスでの先生方の無償・無私の情熱溢れる指導と、一生懸命に応えようとする生徒たちの姿があり、まさに「啐啄同時・師弟同行」の具現を見る思いであった。

また、「長崎県高等学校進学指導研究協議会（進研協）」（学力向上と進学指導の資質向上を目的とし、「県下一斉模擬試験」「進学主任研修会」「県外進路指導視察」など様々な事業を展開）の教頭理事として関わった。特に、設立50周年記念講演「こう変わる学校　こう変わる大学」と題した、元文部科学大臣・遠山敦子氏の講演では、当時の高校教育改革基本方針のもと、長崎県では総合選抜制度が廃止され、進学指導に関する教育環境が少しずつ変わろうとしている中、進研協の課題と方向性について、大きな示唆をいただいた。

3　校長時代

武田信玄遺訓「主将の陥りやすい三大失観」を座右の銘とした。

一、分別のあるものを悪人とみること

一、遠慮あるものを臆病とみること

一、軽躁なるものを勇豪とみること

校長職4年間を通して、主に心掛けたことは、

①教育目標を具体的に明確に表明し、教職員が、問題意識・当事者意識・経営者意識を持って取り組む、組織としての学校づくりに尽力した。

②教職員の意見・思い（熱意）に傾聴の姿勢で接した。

③すべての問題解決の基準は、「生徒の成長」に資するかどうかである。

④保護者・同窓会・地域（地域機関・地域住民）との関係を大切にした。

⑤生徒との接触の機会を多く持つよう工夫した。

⑥教職員の管理職登用にも力を入れた。

　壱岐高校着任の翌年に控えていた創立100周年を迎えるにあたり、「Ⅰ（壱岐のⅠ）プロジェクト」と名付け自校教育を推進した。壱岐島、壱岐高校の歴史、偉人、著名な卒業生等を調べ学習し、伝統校の生徒としての自覚と誇りをもって将来を見据えた勉学と部活動に取り組むよう、全職員で指導した。教職員も学ぶものが大きかった。また、生徒たちの爽やかな挨拶に触れ、この校風を伸ばすべく目上の人や先生に対して「ちょっと立ち止まって挨拶」を提唱、生徒会が自主的に挨拶運動を展開してくれた。3年生全員との校長室での昼食会では、創立100周年を迎える母校への思いや将来の夢を明るく語ってくれた。全国から生徒を募る離島留学制度「東アジア歴史・中国語コース」では、中国語コンクールで全国大会優勝連覇、また上海外国語大学への短期留学や進学を推進した。上海市光明中学との姉妹校締結に当たっては、県教育委員会に大変お世話になった。100周年記念式典も成功裏に終わり、生徒たちの凛とした立ち居振る舞いに、福岡同窓会はじめ全国各地区の同窓会会長の方々、ご来賓の方々から、お褒めのお手紙を多数いただき、全校集会の場ですべてを生徒たちに報告した。生徒会長が「私たちは、壱岐高校100年の伝統をしっかりと受け継ぎ、晬啄同時の精神で、未来へ向かって高くはばたいていく新しい壱岐高校の伝統を築いていきます」と100年の伝統を守り、新しい伝統の創造に挑戦していく気概を表明してくれた。100周年記念事業は、先生方のアイ

デアを結集し、記念講演会等八つのプレ記念事業、記念式典を通して、生徒たちの意識の成長を実感することができたことが最大の成果であった。

4　退職後

　地元に医療福祉系専門学校創設の計画があり、創設準備、校長にと声をかけていただいた。「地域の医療福祉を包括的に支援できる組織を目指す」ことが学園のビジョンである。社会科の私には畑違いの世界ではあるが、地域の若者を地域に貢献できるプロフェッショナルとして育てる活動に携わることができ、現役時代とは違う世界で新たな出会いがあり、新たな学びの場となったことに感謝している。

　「人生100年時代」と言われる今日、残された時間は長い。今後の漠とした人生設計を記して終わりにしたい。

①体力と気力が続く限り、若者と接する時間を大切にしたい。そのために、ウォーキング、ジム、プール等、健康管理、体力維持に留意する。

②退職校長会では、評議員として会長を支え、会員との交流を深める。

③図書館通い（幸いにも近隣に市立図書館がある）や「させぼ夢大学（講演会）」聴講等を通し、学び続け、視野拡大に努める。

④人との出会いを大切に。「人生は邂逅」と言われる。思えば、教師になる動機は中学時代の先生との出会いであった。校長としての判断に、判断基準を参考にさせていただいた校長との出会いがあった。とりわけ教頭時代の宇田津一郎先生との邂逅は、私の進学指導の大きな転機となった。

⑤現役時代にできなかった、今まで私を支えてくれた妻への恩返し。国内外に旅行して見聞を広めたい。孫との時間を大切にしたい。

　「一日生きることは、一歩進むことでありたい」（湯川秀樹日記より）

わが教師人生と退職後
―「教える教育」から「引き出す教育」へ―

元愛媛県立今治南高等学校校長　**藤田克昌**

　私は退職してわずか2年余りだが、教師人生と、退職後の生き方が一つの大きな流れの中にあり、また、そこに深い意味があることに気づかされる。振り返ってみて「これまでの人生に無駄はなかった」と思うのと同時に「これまで経験したすべてのことはこれから始まる人生のためだった」とも感じる。「新たなステージ」の始まりにあたり、「これまで」と「これから」を概観してみたい。

1　教諭時代

　私は運動が苦手だったこともあり、小さい頃から自己肯定感もあまり高い方ではなかった。広い世界と本物の英語に興味を持ち、大学で英語を専攻して教師になったのだが、話すことに苦手意識のある自分には向いていない職業にも思えた。そのような自分を鍛えるために始めた合気道等はその後、心身両面で自分の支えとなった。

　三島高校、伊予高校、松山東高校、新居浜西高校、松山西中等教育学校と職務に励み、下記のとおり事上錬磨の実り多き教員生活を送った。

（1）情熱と挑戦　私は若い頃から情熱を持って「教えること」に取り組んできた。英語の参考書や問題集等を副教材として、読解力や作文力の向上を図り、大学等を志望する生徒の進路保障に全力を尽くした。生徒と合格の喜びを共有することを目指したが、限界を感じることも多かった。

（2）生徒のために　クラス運営では「生徒のために」を意識し、週1回のクラス便りを発行するなどした。また、生徒会の担当にもなり、新設校ではゼロから行事を企画したり、伝統校では大規模な運動会の運営を行うのをサポートしたりした。不器用さはなんとか熱量でカバーした。

（3）生徒とともに　30歳から弓道部の顧問となった。未経験者だったが、

生徒とともに弓道を学び、指導者として全国選抜大会で団体上位入賞を果たすなどした。弓道に巡り会えたことは幸せであった。

2　総合教育センター・県立図書館勤務、管理職時代

　私は3年間、県総合教育センターで勤務し、国際理解教育や学習方法の研究等を担当した。視野を広げるとともに、教師としての心の在り方やメンタルヘルスの重要性を学ぶことができた。教頭として、宇和島水産高校では地域と連携した水産教育の振興に、松山西中等教育学校ではフレッシュな中高一貫教育の推進に取り組んだ。また、県立図書館長として、遠隔地返却サービスや雑誌スポンサー制度の創設等に携わった。

　校長としては、丹原高校、今治南高校と歴史ある2校に勤めた。両校とも活力のある学校で、充実した日々を過ごした。生徒・教職員が一体となって伝統の継承と学校の魅力化に取り組んだ。

3　転機となった今治南高校時代

　以上が私の教師人生の概観である。退職近くまで私は小さい頃からの課題に取り組んでいた。今治南高校赴任前に意識の変革が起こり、考え方も人生も大きく転回したのだが、ここから今治南学校での取組と退職後について述べていきたい。

　次は今治南高校で取り組んだ「引き出す教育」に対する生徒の感想である。文武両面の顕著な成果と共に、実践の成果の証明となっている。

　「校長先生の『無限の可能性を信じ引き出そう』という言葉は、何事にも挑戦する力を与えてくれる魔法の言葉でした」「自分が気づいていない美点を知ることができました。前向きな性格へと変わり、自己肯定感が高まりました。また、友だちのことがさらに好きになりました」

　私は日本人の若者の自己肯定感の低さに対する課題意識を持ち、また、自己肯定感等に課題のある生徒も入学している現状も踏まえ、「自他肯定感の向上」を今治南高校の教育の柱の一つとした。そして、その手立てとして、教育の本質に立ち返り、生徒を「無限の可能性を持つ、素晴らしい

存在」という前提で捉え、「その素晴らしさを引き出す教育」を行うこととした。教科においては、英語4技能の向上を重点項目の一つとした。「ほめる」という行為ではなく、**「自分や相手の素晴らしさを認める目と心を養うこと」**が重要であるという意識を学校全体で共有した。以下、具体的実践内容である。

○常に「全ての人間には素晴らしいものが内在している」「本校は素晴らしい学校だ」という前提でものを考えるよう生徒・教職員に呼びかけた。

○人権・同和教育課、教育相談課、教科、学年等において様々な取組を行った。人間関係の改善、特にいじめの防止等に効果があった。教科指導では英語の授業の中で、英語で相手をほめ合うなどのペア活動を取り入れた。

○全校（約700名）対象のペアワークを行った。（終業式前、通算3回）

○様々な悩みを抱える生徒・教職員に対して、カウンセリングを行った。

　その結果、学校が「一つ」になるとともに、先生方のご尽力等により部活動や学習において大きな成果を上げることができた。そしてその取組により**第16回学事出版教育文化賞**を受賞させていただいた。「無限の可能性を信じ、『できる』を前提に考えたのがよかった」と生徒たちは語っている。**「愛と感謝の学校経営には限界がない」**と実感した私は、その後の人生を「引き出す教育」の発信にかけると心に決め、退職した。

4　退職後の生き方

（1）「引き出す教育」の発信　現在、若者が自らの「無限の可能性」に気づき、自他肯定感を高めることを支援する取組を行っている。具体的には、学校生活、社会生活、家庭生活で課題を抱える人々への支援活動を関係機関と連携しながら推進している。また、個人・団体対象に、メンタルの強化や人間関係力の向上を目的とした取組を行っている。特に最近、様々な問題で精神的な不調に陥ったり、将来への希望を見失ったりしている若者も多く、自他の本来の素晴らしさに気づかせる「引き出す教育」の発信には意味があると感じる。また、英語学習で活用できる**「引き出す英語活動ワーク」**も紹介しており、多くの先生方からご好評をいただいている。

（2）**人との出会いと「おかげさま」**　人とのご縁は不思議である。いろいろな出会いをメッセージとして素直に受け取り、「愛と感謝」で行動することが大切である。振り返ると勤務校の先生方や宇田津一郎先生はじめ多くの方々のおかげで今の自分がある。今後の人生は「恩返し」である。

（3）**心のゆとりとフィールドの拡大**　県立学校教員としての38年間は職務に忙殺された日々であった。現在、初任者研修を担当しており、勤務時間外は「引き出す教育」をより広く発信することが可能である。他県や世界の人々とのつながりもできた。発信の際、英語や合気道が役立つことにも驚かされる。まさに「人生に無駄はない」である。

（4）**家族とともに**　私は通算12年間の単身赴任生活を送るなど、家族には相当の苦労をかけた。家族の支えがなければ、今の自分はない。現在、大家族で生活しているが、家族の大切さを改めて感じている。すべての基本は家族である。感謝しかない。

（5）**経済と健康を大切に**　現役の時には、退職後の将来設計について考えるゆとりはなかった。退職して約2年経つが、何とかなると感じる一方、もう少し早く先輩方や金融機関等に相談しておけばよかったという思いも強い。また、私は退職してより健康体になった。家族の気配りや「退職後すぐは特に気をつけよ」という先輩方のご忠告のおかげである。

5　まとめ

　私は教師生活を通して、人がもともと持っている素晴らしさを「引き出す」ことが様々な課題へのマスターキーだと分かった。今後は**「引き出す教育を発信すること」**を通して、若者の自他肯定感の向上や「愛と感謝」の社会づくりに少しでも貢献できたらと思う。

　「自分の人生のピークは80歳だ」と心に決め打ち込まれている先生が過日、79歳で日展の特選を受賞された。私もここからが人生の本番であると感じる。新しいステージで自分の使命を完遂することができるよう、ここをスタートラインにして精一杯頑張りたいと考えている。

まだまだ、これから
―教師生活を振り返って―

元宮崎県立小林工業高等学校校長　**石原 潤二郎**

1　教師への道

　企業への就職が内定し卒業の日が押し迫って来た頃、年老いた両親二人がともに病に倒れ、当時は現在のような介護施設はなく、急遽、帰郷、二人の看護・介護をすることになった。その後、両親の容態が回復の兆しが見られた頃、中学校時代の恩師から教職への誘いを受け、教師の道へと進むことになった。

　初任校は、生徒・教職員とも少人数規模の家族的な雰囲気の学校であった。学校を取り巻く環境は、控え目、消極的で発展的思考に希薄さが感じられる地域であり、学校はその脱却へ向け意識改革の取り組みに努力しているところであった。そのためには、生徒達に学習の喜びを体得させることや自己の存在感を確立させることを目指す具体的な目標を設定し、その実践に取り組んだ生徒への指導とともに保護者への指導を折り込んだことが成果を得る結果となった。進学希望者や部活動の躍進もあり、活気ある学校へと発展して来た。

　2校目は工業高校であった。社会科教師として、まず教科指導について定期的な校内教科会、年1回の県内及び全国の教科研究会に参加し、多くの先輩教師の指導をいただき、高等学校における社会科指導の深さを知ると同時にこれからの社会科教育への思いを強く感じたことが思い出される。

　3校目は新設2年目の商業高校であった。学校体制、施設等すべて建設途上であったが、生徒・職員一丸となって、新しい学校づくりに意欲的に取り組み、活気ある学校であった。特に、初代校長は職業教育の一つに各資格取得の指導にも力点を置かれ、先見性に富み、具現化すべき実行力ある人であった。当時、就職希望生にとって、自動車運転免許取得は重要であったので、PTA、地域住民一体となって、県立学校として県内初の練

習場を設置、講座を開講することになった。創立3年後、完成年度には、学習指導、生徒指導ともに学校発展の礎が築かれた。その後、私は主任等研鑽を重ね転出となったが、進度の速い社会の動きの中で、先見性とその実践力を涵養し、培うことの大切さ等を学ぶことができたことは、その後の教師生活の大きな指針となった。

　4校目は、6学科を有し、文武両道に秀でた伝統校の工業高校であった。当校では、自分なりの研究課題を掲げ、工業教育に関する指導理念、実践力に優れた管理職、各主任から工業高校の在り方についての多くの指導をいただいた。さらに、教育課程研修講座（文部省）、中堅教員長期研修講座（文部省）、海外長期派遣研修（文部省）、教育課程研究専門員（県教委）等を通して県内外の多くの先生方との交流は、自己研鑽の大きな励みとなった。当校勤務の中、40歳前後、2人の方々との大きな出会いをすることができた。一人は、当時当校の保健体育科主任で、日本のバレーボール界では著名な一人で、チーム作り、協会組織運営にも優れた手腕を発揮されていた。何事にも基礎・基本を大切にし、目的に向かって全力で真摯に取り組まれる情熱の人であった。先生の基本的な生き方「人への気配りを大事にすること、人が何を求めているか、それを見越して決断する勇気を持つこと」を学ぶことができた。これは、その後の学校関係、保護者、同窓会、地域社会に関わる方々との協力体制を構築する上での貴重な財産となった。次の出会いは、世界の名将と言われ、アジア人初のバレーボール殿堂入りをされた松平康隆氏である。各種大会の際、来県される度に親しく多くのことを指導していただいた、そこでよく言われたことが、「指導者が教えるのは、ある段階までであり、指導者がもっと心掛けなければならないのは、生み出すことのできる人間に育ててやることである」と我々教師の本分を再認識させられた思いてあった。

　管理職として、まず教頭として当時の教育現場は、教育論争の波がやや沈静化しつつある時ではあったが、一日も早く全職員の意思統一を図り、学校の教育目標達成に努めることが急務であった。そこで、校長の補佐役として、校長の指導を仰ぎながら、各主任との個別的コミュニケーション

の場を意図的に設定しその深化を図りながら、その場を拡大することに努めた。なかなか厳しく、困難なことではあったが、自ら懐を開き、互いの懐に飛び込むことによって、少しずつではあったが、互いの人間性が触れ合う瞬間が感じられるようになってきた。また、誰よりも早く出勤し、一人ひとりの職員との朝の挨拶の一言は、人の心を動かすものであることを知ることができた。

　校長として、教育改革の進む中、理想を求め、全職員にも昨今の教育事情を認識させ、経営面、運営面でも学校目標達成のための、また、工業教育、工業高校生の理想像を視野に入れ、今後の工業教育の在り方を追求し、工業高校の普遍的なものは何かを確認すべく、全職員一致協力して真摯に討論できる場の醸成を図り、その具体的実践に向かって、教頭を中心として各主任との連携を強化し目的達成を果たすべく学校体制の充実を図った。特に心掛けたことは、①人材の育成、②校内外における諸問題の発生時に素早い対応を、③明るい開放的な職場の醸成、④「報告・連絡・相談」を密に、教頭は校内の校長たれ。

2　退職後の歩み

　退職後は、長い間支えてくれた妻への慰労を思い、しばし、のんびりと老後の生活をとの思いであったが、退職1年前から誘いがあり、これまで、私の人生へ多くの学びをいただいた、社会や教育界への恩返しの思いで、受けることにした。

【60歳〜75歳】①専門学校（技術系、看護系）3校、講師、校長として：学生達は、具体的な進路目標を目前にして、意欲に満ちた学習に臨み、学生との向かい合いは、常に熱く、退職したとは思えない楽しい日々であった。②大学（私立、総合大学）職員として：多様化する受験生に対する入学試験の在り方についての審議、高校、大学双方の思惑を感じ、課題解決に努めた。③母校小林高校同窓会（高校駅伝の伝統校）の会長、顧問として：同窓会の発展に努めている。在校生への奨学金制度、文武両道に秀でた卒業生への表彰制度を設けた。また、毎年、駅伝部等の部活動への応援

募金を市長を会長として、後援会を立ち上げ募金活動を行っている。

　社会的奉仕としては、①町文化財保護調査委員、②町社会教育講座講師として、我が郷土の再発見と地域の高齢者との交流を図る良い機会となっている。

　グループ交流会としては、①新樹会：宇田津一郎先生を発起人として、平成9年度退職の県立学校長の同期会が発会され、毎年4月に催され、相互の近況報告、社会情勢、後輩達の動静、健康問題等の話に花が咲き、楽しいランチの一時となっている。残念ながら、鬼籍に入ったり介護や病弱等で参加者の減はあるものの、まだまだ続行できるよう頑張っている。②ダンプ会：地域の若手経営者のグループで、定期的な会合を開催、地域経済を始め諸問題についての勉強会を実施している。昨今の若者の考え方、生き方を知る場となり、これからの人生を考える時の大きな刺激となっている。

【75歳〜85歳】社会的奉仕としては、社会福祉法人（児童福祉）として、児童福祉の問題、幼児教育の問題について学習を深め、さらなる奉仕に努めたいとの思いである。

　企業・団体との関わりとしては、①建設設計事務所顧問、②バレーボール協会役員、その他、教え子、同級生、元PTA役員、趣味仲間、役所OB、等々の交流グループの中で、多くの人達との交流を通して、多くのことを学ぶことができ、更なる人生への行進曲となっている。

　長い間支えてくれたくれた妻への慰労は、私の役務の合い間を見ながら近場の小旅行や温泉巡りを楽しみ、時間的余裕のある時は、遠方に住む孫達との楽しい日々を過ごし、それなりに老後の生活を楽しんでいる。

　これからの人生、100歳を目指して生きたいと思う時、まずは健康への自己管理が肝要である、今、私の健康への取り組みは、①起床時、就寝時のコップ1杯の水、②朝、純度の高い蜂蜜、中匙1杯の飲用、③毎日60分間のストレッチ体操とウォーキング、④週1回2時間の町主催健康体操への参加、⑤2か月に1回、300キロ内外のドライブ、⑥月2回の鍼灸、に努めている。

　これまで、多くの方々の指導をいただきながら生きてこられたことに感謝しながら、「もう、このへんで」ではなく、「まだまだ、これから」の気概で、何事にも前向きの考え方を心掛け、人生100歳を迎えたいものである。

天与の違いを
アフターファイブに活かす

元宮崎県総合博物館副館長　**南谷忠志**

1　現職時1：県立高校教諭

　私の教師生活は学校教育が29年、社会教育が9年の38年間であった。

　教師としてのモットーは、率先垂範と後ろ姿を見せることを心がけてきた。授業（理科：生物）は生徒たちの印象に残るように黄・茶・緑色など多色のチョークを使い、黒板一杯に絵を描き、その絵に必要事項を書き入れるようにした。黒板に向かって描く絵が一体何になっていくのか生徒たちは興味津々だったようで、卒業後に出会ってもそのことが話題になり、私が描いた絵をしっかり記憶しているようである。

　勤務した学校での印象に残ることを簡単に触れてみたい。

　初任の富島高ではプール新設で若いからと押しつけられた未経験での水泳部顧問。生徒たちと一緒に泳法を覚え、自らも国体に出場し、生徒達も県のインターハイで総合優勝に輝いた。

　小林高では生物部顧問を引き受けた。私は、勤務が解けたアフターファイブに古老への植物方言調査、部員には動物方言調査を勧めた。興味を持った生徒達は集めた動物の方言やいわれを真面目に記録していった。初めて3年目に読売新聞社主催のサイエンス部門の甲子園と言われる「日本学生科学賞」に成果を応募し、なんと「学校賞」1位となり皇居での受賞を拝した。

　40代に入った高鍋高では、一変して進路指導に没頭。3年生の学年主任3回や進路指導部長を仰せつかった。その指導の中で宮崎県では初めての「ナイトハイク」や「学習合宿」を取り入れ、国公立大合格者数を大きく伸ばせた。また、その頃ダイレクトメールを送りつけて台頭してきた専門学校の進路指導のあり方に気を配ったことも印象深い。

　4校目は東大合格者20名を目標とする県内唯一の理数科をもつ宮崎西高。

着任するとなんと看板の理数科主任が待っていた。教頭から「理数科を変えてくれ」とのことだった。県内全域から学力的に優秀な生徒が集まっており、卒業生の進路を追うと研究者や医者をはじめ、国の官僚になっている者も多い。これらの生徒の学力向上はもちろん、人間性の育成から豊かな自然観や環境観の醸成まで考えた全人的な教育の必要性を感じて、「野外体験を重視した三カ年一貫指導の体系化した課題研究」を導入したことが一番印象に残っている。具体的には、1年生には鎮守の森・ため池・河川の生物多様性の定性・定量調査、2年生は県の農業・工業・水産試験場、環境衛生研究所や国の遺伝資源研究所での体験、3年生は九州大学教授による実習セミナーであった。

　多忙な毎日であったが、アフターファイブに地域の植物多様性調査や植物方言収集をライフワークとし、標本採集、雑誌への論文投稿を続けてきた。新種も続々発見できた。植物仲間との比較で、私には緑色の微妙な色調が弁別できることに気付いた。この天与の違いで、遠くから新しい緑色の違いに気付き、新種発見（この頃30を超える）につながっていったように思う。

　宮崎西高勤務3年目にこれまでのライフワークの成果に対し、「宮崎県文化賞」を拝受することになった。そのことが決め手になったのか、宮崎県総合博物館への人事異動となった。聞けばリニューアルをするとのこと。しかし、私には「水を得た魚」であった。

2　現職時2：県総合博物館

　かくして学校教育から社会教育への大方向転換となった。教育の対象が生徒からすべての県民となった。博物館で早速待ち構えていたのがリニューアルという大難題であった。

　着任してもリニューアルの具体的な動きがなさそうなので、これまで気になっていた不明の植物を調べることにした。学芸員にとって最も重要な業務の調査研究である。早速取り組んだのが、全国高校総体山岳競技の現地講師を頼まれた際に出会った初見のコメツツジ類。早速、文献でこの仲

間がある南アルプスや木曽駒ヶ岳、四国の剣山や石鎚山、九州の由布岳や市房山・祖母傾山など一気呵成に調査した。さらに既存のコメツツジ類を知るために東京大学や京都大学の標本もチェックした。幸いにすべてが出張扱いであった。これも博物館勤務だからできたのであった。標本を解析した結果、既存のどれにも該当しないので新種と判断し、「ツクシコメツツジ」と命名し、その年の博物館研究紀要18号に29頁の論文として発表した。

　博物館勤務2年目になりいよいよリニューアルが始まった。中心は県民に触れる機会がもっとも高い常設展示を増設しての全面更新である。コンセプトは「県内全市町村の情報を取り入れる」「触れて体験できるハンズオン展示」。最近新設された自然史博物館や国立科学博物館の展示を見学し、構想を練り、展示設計づくりに2年が経過していた。いよいよ休館にして、さらに3年かけて展示を作製した。分かりやすく、楽しめる博物館となった。博物館スタッフと関わった多くの方々の知恵と汗の結晶でリニューアルオープンとなった。

　副館長になって3年目、退官記念にと皆の勧めと協力を得ての特別展を実施することになった。9年間の博物館勤務で培った英知と技術でもって企画したのが「水辺の花と生きものたち〜未来への遺産・ウエットランド」。総予算は2000万円。サロベツ原野や尾瀬ヶ原から有明海・沖縄西表島等を訪れての資料収集、中心には水田のジオラマを据え、ムツゴロウなど約90点の生きた動植物の展示は多くの子供たちに感動を与え喜んでもらえた。それにしても、特別展の企画制作は見学者の反応で成果が評価され、やりがいがある反面、身も心もすり減らし、ボロボロになるほどきついものである。しかし、学芸員なら避けて通れない業務であり、退官を前にしての率先垂範、後ろ姿を見せることができたと思っている。

3　退職後〜人生のアフターファイブ

　いよいよ周りから一切の干渉がなくなり、自由な身となった。やりたかったのは全国の植物を探訪したうえでの宮崎県の植物の調査研究である。

それには行動費が要る。幸いにも、現職中に同じ県職員であるからと県立看護大学の非常勤講師を兼務していたので、それを引き受けることにした。その他にも、舞い込んできた NHK 文化センターの講師・南九州大学と宮崎大学の非常勤講師も引き受けてしまった。講義の内容は「博物館学」や「植物分類学」等である。おかげで行動費が稼げた。

　最も精力的に取り組んだのが枝先に 3 枚の葉をつけるミツバツツジ類。15年ほどかけ全国各地を踏破し、ようやく日本全国のミツバツツジ類の種類や分布状況が把握できた。2018年にシマントミツバツツジ・ベッシミツバツツジ・キュウシュウミツバツツジなど17の新種を認め、国際論文に正式記載できた。一方、生徒たちと励まし合って始めた植物方言も聞き込んだ古老が300名、集めた方言語彙も6000を超えたので2019年にそれらをまとめ、『宮崎の植物方言と民俗―草木にまつわる昔からの言い伝え』(鉱脈社) として出版することができた。

　アフターファイブを一貫して植物の調査研究に取り組んできたが、その過程で得られた功績に対し、「植物地理・分類学会賞」「松下幸之助花の万博記念賞」「植物分類学会賞」「環境大臣賞」「宮日新聞出版文化賞」等を拝受できた。また、皇太子殿下（現天皇陛下）行啓と平成天皇皇后陛下行幸での都井岬での説明役を仰せつかるという身に余る経験もできた。

　まさに我が人生に悔いなしである。しかし、まだまだ未解決の植物があり、これからも植物たちとの付き合いは終わりそうにない。

4　健康面で是非ご参考に

　78歳の時、頭皮に紅色の発疹ができ、一般の皮膚科医院で受診、手に負えないと宮崎大学病院へ転送。「血管肉腫」(特に高齢者の頭皮にできることが多く、極めて悪性度の高いガン) の疑いありとの診断を受け、「我が人生も終わりか」と目の前が真っ暗になった。 2 度の組織検査で単なる皮膚疾患と分かり、万歳!　頭皮の紅発疹は見逃さないことが大切です。

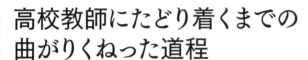

高校教師にたどり着くまでの
曲がりくねった道程

元私立北嶺高等学校教頭　**光武 繁**

　私は1968年に佐賀県立鹿島高校を卒業し、國學院大学文学部へ進学した。卒業後、「初心」の『帰郷して教師になる！』は消え失せ、長崎県の高校の採用通知さえ辞退して、「都市生活」を選択した。当時、就職は好調で、私でさえも相応の企業の名古屋本社に就職できた。

1　北海道大学との出会いと挑戦

　札幌支社勤務の時、北海道大学の「学食」で見た白衣姿・スーツ姿・カジュアルウェア姿などの人たちが、「講義」内容や「実験」結果などについて、熱く論じ合う情景が鮮烈に映った。また、農場・ポプラ並木や中央ローンなども、市民や観光客に開放され、牧歌的な魅力に溢れるキャンパスを目の当たりにして、「北海道大学でやり直したい！」との衝動にかられた。

　北海道大学への挑戦はかなり無謀と感じたが、気持の高ぶりは抑えられず、暇を見ては大学周辺をぶらついた。そこには、真面目そうな北大生もいれば、お喋りや漫画に興じる緩そうな北大生も混存し、「こんな人が北大生？」と感じ、途端に闘争心に火が点いた。

　そこで、不義理を重ねていた担任の乗田徳次郎先生に、厚かましく電話して、「北大を受けたい！」と打ち明けた。乗田先生はきょとんとした感じで、「あなたは私文系コースだったね！　数学と理科の……」と言いかけて、「私は数学の教師なので、他教科のアドバイスはできないが、数学は教科書の例題を繰り返し解いて、過去問で50％程度の得点レベルに到達すれば合格の可能性も……」とアドバイスしてもらい、一気に受験態勢へ突入した。また、生物と化学も、数学の学習法に倣って、例題を繰り返し解き、半年ほどで答案らしく作成できるまでになった。会社勤めをしなが

ら「北海道大学合格！」の報告を乗田先生にすると、「おめでとう！　よく頑張った！　良かった！」とお祝いの言葉をいただき、感激した。

2　母校の誇りの『赤門』は「伝統校」のシンボル

「私は『赤門の出身』です！」と言っているが、母校の佐賀県立鹿島高校は、正門が東京大学と同じ丹塗りの『赤門』なのである。それは鹿島市街の平坦地の町家路から「大手門」で隔てられた丘陵地の武家屋敷路を登り切り、堀割を渡って潜る鹿島城址の校舎前に立つ赤い正門である。

ここで学ぶ生徒の多くは、『赤門』をこよなく愛し、母校を「知と心のふるさと」と誇りにして、『赤門』から社会へ踏み出す慣習がある。母校は辺鄙な町の高校だが、地元では「伝統校」と評されている。「伝統校」とは、先輩の実績のおかげで、目先の受験競争に巻き込まれずに、本質的な教育を享受できる環境を有する学校のことである。

その「赤門」をくぐって念願の鹿島高校に入学すると、教師や先輩から何かにつけて、「A 級をめざせ！」「B 級に甘んじるな！」とか「内に籠るな！　外の国々へ羽ばたけ！」などと、檄を飛ばされ、『Akamon』の頭に『B』や『IN』の文字に翳されて、Bakamon（馬鹿もん）や INakamon（田舎もん）」には「絶対に成るな！」と、叱咤激励された。

3　私と大学受験指導との関わり

北海道大学農学部在学中の就職活動で、母校の國學院大学が滝川市に「女子短期大学を創設」、國學院大学理事の高宮行男氏が運営する「代々木ゼミナール札幌校開校」もその 1 年後の予定と知った。國學院大学同窓のよしみで、代々木ゼミナール札幌校に採用された。翌年には国公立大学で「共通一次試験」が始まり、予備校では激務を極めた。救いは開校の札幌校に、予想外の3,000名の新入生を受け入れたことだった。特に札幌南高・札幌北高旭川東や函館ラサールなど北海道の『有名進学校』と評される高校からの圧倒的な多さに驚いた。すでに、代々木ゼミナールは早慶上智などの私立大学志望者の大勢が学ぶ「マンモス予備校」と称され全国的

な有名校であったが、札幌校で国公立大学志望者数の激増によって、その後の代々木ゼミナールの福岡・大阪などの全国拡大化に弾みがつく要因となった。その煽りで全国最激戦区の名古屋校勤務への転勤を拝命した。

名古屋校でも教職員には、「信頼される『学者』・未来を占う『易者』・学力不足に対処する『医者』・上意下達を全うする『役者』そして、授業を厭きさせずに惹きつける『芸者』の「五つの役どころ」のイマジネーションを豊かにすることを勧めた。ところが、名古屋へ転勤した頃から、日本の社会システムが「年功序列制」に代わって「成果主義」が台頭し始めた。そして「いったい何のために、誰のために働くのか？　社会にどう役に立つのか？」と考え込むようになった。

4　高校教師への再挑戦

代々木ゼミナールで培った進学指導法を活かして、「無垢で挫折経験のない受験生」の受験指導をしたいとの思いが募った。高校時代にあこがれた教師への再挑戦であり、紆余曲折を経て40歳を過ぎての転職だった。

北嶺中高校は1986年に「英才教育」を標榜して、札幌市街から程遠い自然豊かな森の中の校舎で開校した。ある程度の苦戦は予想されていたが、「中高一貫校」への北海道地域の認識は浅く、初年度入試では定員80名を割り、60名からのスタートで、「高くて厚い壁」に立ちはだかられた感じだった。そんな状況でも「なんでも見てやろう！　聞いてやろう！」とする好奇心や行動力に溢れる生徒と「英才教育の実践で北海道No.1をめざす」との使命感を秘める教職員による、手抜きのない受験指導が始まった。さらに、日ごろからたゆまず生徒と教職員を励まし奮い立たせて、「曠野の深雪を、かき分け踏み越え」、各々の子息の道を切り拓くと決意した保護者のまとまった存在が大きく後を押した。それは、「生徒の関心や思考に制限を加えない」ことを特長として、国公立校にはない「私立校の自由性と中高一貫校の自主性のメリット」を併せ持つ活気に満ち溢れていた。

北嶺中高校に着任して着手したのは、「中高一貫校の最大の特長は何か？」を全教職員が考え直すこと、とりわけ「先取り学習」の重要性と

「難関大学攻略作戦」の理解を求めた。そこで転職の２年目に卒業学年理系コースのクラス担任に抜擢された。それは開校から５年間も生徒を大切に育んできたベテランの教職員を差し置いての対応だったので恐縮したが、実質的に進学指導の旗手に任命されたので、俄然張り切って「仕切り役」を全面に出して「クラス運営」に取り組んだ。クラスのワーストと目された３名の生徒・保護者に、私の指導方針への共感を求め、「二人三脚」での取組みを行った。結果的には、それぞれ山形大（工）・弘前大（理）・室工大（工）の合格を勝ち得たが、代々木ゼミナール初期の『あなこの』（あなたはこの成績で合格判定）の活用による指導の成果であった。

　因みに平成４年度入試では１期生総数57名で念願の東京大をはじめ一橋大・東京工大・筑波大・北海道大など国公立大学に12名、早稲田大・慶応大・上智大・東理大などの私立大学にも30名の合格実績を出して、「大規模校・国公立校」には、真似のできない北嶺中高校の存在感を示せた。

　翌年の平成５年度入試では、東京大学２名、京都大学１名が加わり、宿願の国公立大学医学科には、北海道大学２名をはじめ札幌医科大学３名・旭川医科大学２名・弘前大学１名の合計８名が合格し、目標だった「東京大学と国公立大学医学科の２ケタ合格」を達成し、「高い嶺（東京大学・国公立大学医学科）をめざすなら北嶺」の基礎が固まったと肌で感じた。

　第１期生（1992）の東京大学合格者は１名のみだったが、その後も東京大学合格者数は２〜９名程度とは言え、決して途切れることなく実績を積み重ねて、第７期生（1998）で東京大学医学科１名が誕生し、東京大学全学部７名、第13期生（2001）の東京大学医学科は現役３名と東京大学全学部９名、国公立大学医学科22名を数え、北嶺中高校の退任の最高の御祝儀にとなった。代々木ゼミナールから高校教師の道を選んだことは、ベストな選択だったと信じている。

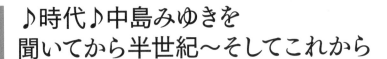

♪時代♪中島みゆきを聞いてから半世紀〜そしてこれから

元長崎県立島原特別支援学校校長　**柿原孝則**

　大学4年次、昭和50年頃、ラジオ番組で毎夜、中島みゆきの「時代」が流れていた。その翌年、保健体育科の教員として郡部の農業高校（3年）をスタートとし、離島定時制6年・全日制3年後、島原半島南部の商業高校10年、島原市内全日制普通科4年、県教育委員会体育保健課5年、全日制普通科教頭3年、離島商業高校校長2年、島原市内特別支援学校校長2年、計38年間の教職生活であった。

　現在67歳、退職して7年が過ぎた。

1　教諭時代の思い出

（1）離島定時制校内駅伝大会

　初任校の農業高校3年間で教師であることの厳しさややりがいなど生徒や先輩教師から学び、その後、五島市にある夜間定時制で6年間を過ごした。当時、50数名の生徒が在籍し、独立校舎を有し、生徒はおおむね真面目で落ち着いた雰囲気であった。保健体育科の教師として、体育的行事が少ないことを感じたため、2月の日曜日開催の校内マラソン大会を計画し、職員会議で提案したところ、教職員（教頭1、教諭6、用務員1、給食担当1）は全会一致で賛成であったが、生徒からは、「きつかー」「仕事がある」などと反対意見が多く、案の定、当日の参加者は半分にも満たず、見事に失敗した。

　それではと思い、次年度からは、全員参加の「校内駅伝大会」と称し、5人1チーム（一人2km）で開催した。約10日間、授業の短縮をお願いし、約2kmの練習を重ねていたこともあり、ほとんどの生徒が参加した。日曜日開催でもあり、教職員で手分けして、生徒の職場を訪問し、休みをいただくことができた。駅伝大会は10年程続いたようである。当時の生徒

諸君は、職員の奥様方が作ってくれた豚汁の味を今でも覚えているだろうか！？

（2）学校創立100周年記念体育祭—全校生徒約950名での太極拳

　教諭として４校目の全日制普通科では、体育主任から学校創立100周年記念体育祭だから、何かいつもと違った集団演技をしたいとのこと。そこで太極拳を全校生徒で行いたいという旨の話が教科会であり、その指導を担当することになった。もちろん太極拳なるものは未経験で、指導する術も全くなかったが市内の公民館で太極拳サークル活動の存在を知り、早速理由を話し、私と女性の若手体育教師２名、臨時的にサークルの仲間入りをさせていただいた。

　約３か月後は本番であり、初心者ながら見よう見まねで生徒への指導が始まった。本番では予想に反して生徒や保護者にも概ね好評で、何とか形だけは太極拳らしく見えたようであり胸をなで下ろした。

　太極拳とのつきあいは、しばらく途絶えたが、退職後からサークル活動に再加入させていただき、最近になって改めて太極拳の奥深さを感じているところである。

2　部活動について—頑張っていれば何が起こるかわからない！

　やはり体育教師としては、部活動は教師生活の中で大きなポイントを占め、かなりのエネルギーを要した。初任３年間は未体験のバスケットボール部顧問で部員と共に一からバスケットボールの技術を磨いた。定時制６年間は軟式野球部の顧問として、当時、東京の神宮野球場で開催されていた（通称：もう一つの甲子園）全国定時制・通信制軟式野球大会出場を目指したが、県大会決勝で０−13で敗れた。長崎県大会での優勝校は神宮大会で３位であった。

　その後、同じ高校の全日制に移り教師10年目にして専門の陸上競技部の顧問となった。もちろん教師であるからには、部活動オンリーというわけにはいかず、常にクラス担任を希望し、学校行事の文化祭等においても、クラスでの結束を示すべく、必ず何か出し物をやるという方針で、劇を披

露するなど、クラス経営においても頑張ったつもりである。生徒には、「何もやらんば何ものこらんぞ！」が口癖であったように記憶している。

　部活動では陸上競技が専門とはいえ、種目が幅広く、練習メニュー作りはいろいろと工夫を要し大変であった。振り返ってみて良かったと思えるのは、種目によって、各専門の身近な指導者へ指導を仰ぎ、私自身も色々な練習方法を勉強する機会に恵まれ、部員もそれぞれに力を伸ばしてくれたことである。

　当時の私の周りの指導者は、学校の枠を越えて他校の生徒であっても、お互いに子ども達を育てようという気概に満ちていた。

　離島生活9年間を経て、島原半島南側の郡部（当時）の商業高校（生徒数約500名）で10年間を過ごしたが、陸上競技の指導にも少しずつ余裕ができ、学校も全員部活動制であったため、年間約60名から70名の部員が在籍し、中学時の陸上競技経験者は少ないものの、一生懸命練習に励んでくれた。

　私自身は全国大会の出場経験はないが、部員達は予想以上に力を発揮し色々な種目で全国大会出場を果たしてくれた。そして、思いもかけぬまさかの出来事が起こった。すべての選手が地元中学校出身でありながら、赴任して9年目に県高校総体女子総合2位、10年目には夢にも考えたことがなかった県高校総体女子総合優勝を果たしてくれた。夢のインターハイ（平成9年度京都府大会）へも男・女10名が出場し、女子1名が円盤投げで6位入賞を果たしてくれた。部員達の充実した笑顔が印象的であった。

3　まさかの県教育委員会への異動、そして管理職

　郡部の商業高校10年を経て島原市内の全日制普通科（母校）へ異動し4年経過後、県教育委員会体育保健課へ辞令がおりた。まさかの異動であったが、国民体育大会に向けての競技力向上対策、生涯スポーツに向けての対策など、単身赴任を含めて学校現場では経験できない5年間であった。その後、島原市内全日制普通科（再度の母校）の教頭3年を過ごした。教頭時代の2年目で迎える新校長は、「進学の鬼」と呼ばれるほどの進学実績

があり、進学指導経験がほとんどない私にとっては胃が痛む思いであったが、常々「教頭は、何かを判断するときには、自分が校長であるならばという前提に立っての判断をするように」などアドバイスを常々いただいていた。また、学校運営においても校務分掌、学年指導、教科指導などすべての教育活動を PDCA（Plan → Do → Check → Action）の展開の中でレベルアップをめざすというこれまでにない学校運営に触れることができた。

　その後、初任校長として離島の商業高校で2年間、様々な状況に対して、自然に頭と身体が動くことができたのは、その進学の鬼・校長先生のご指導の賜である。

　そして、教職生活最後の学校（2年）は、初めて経験する特別支援学校校長として不安を感じながらの赴任であったが、全身全霊で教育に携わる先生方や学校への理解が深い保護者との出会いがあった。

　また、地域の福祉事業所の職員の方々や地域の小・中・高校との交流を通して特別支援学校の役割や特別支援教育の大切さを学ぶことができた。最後には、多くの先生方から見送っていただき、何とか無事に教員生活を終えることができた。

4　人生100年時代、…どんな時代が巡ってくるのか！？

　退職後は、緊張感から開放され、のんびりとした生活をしたいと考えていたが、予想に反して、やや忙しい日々を送っている。

　現在、中学校の陸上競技部の外部指導（週2日休み）、市内体育館主催のリフレッシュ健康体操教室（11月と2月開催）の講師、そして島原市陸上競技協会の理事長として、島原市営陸上競技場の各種大会の運営面に関わり年間を通して活動している。

　部活動の外部指導については、最初は若い指導者が見つかるまでという軽い気持ちで引き受けたが、未だに若い指導者は現れていない。

　個性あふれ、ひたむきにに頑張る中学生の姿に触れ、私自身、子ども達から元気をもらっている。もうしばらくは子ども達の目標や夢実現のサポート役として、頑張っていきたい。

今日より明日が良くなるように

元宮崎県立清武養護学校（現清武せいりゅう支援学校）校長　**福元義信**

　大学進学から現在まで時系列的に実践してきたことや学んできたこと、退職後の趣味や夢を述べてみたい。

　両親を早く亡くし家が貧乏で周囲からは就職せよと言われたが兄達に大学進学を頼み込んだ。当時、世界史の永田先生の薦めで広島大学に進学。英文科15名中4名は教授に。私も大学院進学の気持ちがあったが、一旦就職してからと考えて大宮高校に赴任した。

　大宮高校では、右も左もわからぬ状態で必死に教材研究や生徒指導のノウハウの勉強に明け暮れた。特に先輩教師の助言による予習プリント作りは勉強になった。教材の重点目標を生徒に明示できた。2年目には合同選抜が始まり宮崎南高が新設。いわばライバル校の出現で一人でも多く上級学校進学を実現させるべくクラス編成が議論された。自然学級か学力別かの激論がなされた。先生達を二分したが学力別に落ち着いた。どちらが良いかは同一の編成方法が続いていないのを見ると、不明のようだ。学力向上は教師の一大目標で終生つきまとう課題だ。私も英語の学力向上のために終始悩み続け努力した8年間だった。

　次の妻高での最初の学級は私立文系3年生で私大、短大、専門学校、就職希望等多様で人生の岐路となる学年で両者とも必死だった。放課後の自発的課外授業や面接指導等が功を奏した。指導する側とされる側の気持ちがぴったりした時は効果が大きいことを痛感した。在任中にELECという東京の教育機関での3か月間の内地留学の機会を得た。全国から20人の教師達が入校。入校時と終了時のTOEFLみたいな試験で終了時トップだった。宮崎県の教員として誇りが持てた。授業方法や4技能の能力向上の講義はその後大いに役立った。この期間に英検1級合格。2年間の学年主任の時は人の和の作り方の難しさと重要性を認識した。

　次の創立3年目に赴任した宮崎西高では県下一円から秀才が集う理数科を擁し1年目から理数科担任で10年在任中5年理数科担任だった。学年主任の時は先生達のチームワークが良くてそれまでで最高の国公立大合格者数を記録した。教え方も注入式偏重に疑問が湧いていて自学自習的要素も取り入れたのが良かった。また、親との意思疎通を図る意味で家庭訪問を実施。理数科は夏休み返上の県下一円の訪問だった。教師と両親がタッグを組むことが生徒にも力になった。文部省派遣のイギリス留学60日では、エセックス大学で5週間の研修、2週間の英国一周のバス旅行、1週間の自由研究の8週間だった。大学では寮で寝泊まりし学生食堂で食事。全国から15名の先生方の研修はネイティブの生の英語での演習や講義で聴解と話す能力が向上した。英国文化の理解も深まった。パーティーやピクニックも組み込まれ英国の人達との交流もできた。研修旅行ではスコットランドやウェールズにも足を伸ばす旅行で、各地の風俗、習慣や風物等にも触れた。シェイクスピア等の生誕地も訪れた。自由研究では教育制度の研究で幼稚園や小中高校を視察。1人きりの研修でいろいろ有益だった。日本は英国にくらべ教育制度が優れていることを知った。以上の他にフランスに渡りヴェルサイユ宮殿の中や「モナリザ」とも対面した。

　次の高鍋高は、石井十次を生み出した地で部活動も盛んだった。学年主任と進路主事計7年を経験。仕えた4人の校長の中で宇田津一郎氏が最も猛烈であった。PTAとの連携を強化し教師と強力なスクラムを組み日頃の教育活動がゆるぎないものになった。PTA総会の出席率はほぼ100％で更に地区PTA、地区毎に公民館等で学習会を開催。教師も親も生徒も一体化して教育効果が上がった。

　日南高では教頭として教科指導の傍ら全職員のことや学校の重点目標の達成状況について把握したり俯瞰的な視野が求められた。週1回の運営委員会や毎日の朝礼は教育目標達成のチェック機能を果たした。保護者との連携を強めることは共通していた。職員も熱心で成果が出てその後県の要職に就いた先生が輩出。美化活動も盛んで私も力を入れ背中で教育する重要さを認識した。

次の清武養護学校では、今までとは180度異なり肢体不自由の児童生徒の学校でマンツーマンの指導がなされた。年々障害が重度化する傾向があり、腰痛に悩む先生が多かったので腰痛体操を導入。幸い棟続きに「こども療育センター」があり何かと心強かった。毎朝の各主任との会や職員朝礼はお互いの意思疎通を図る上で重要だった。保護者は理由もなく障害児を授かったにもかかわらず皆教育熱心で明るいのに感心した。万人に同じような境遇の可能性があるがそれを乗り越える力強さに感服した。親の気持ちを少しでも理解しようと毎朝玄関で出迎えた。教育の原点に立ち戻り人間存在の意味や自助、共助、公助の意味を考えさせられた。身体の障害は一つの個性だという認識の下、様々な取組みがなされたが更なる工夫の必要性も感じた。公助は日本ではかなり進んでいるが共助は更なる取組みが必要だ。すなわち社会全体の意識改革を地道に継続することが必要だ。また、教員は、一度は特別支援学校勤務を体験するのも一方法だと思う。

　退職した年に妻を病気で亡くした翌年から県公認予備校（浪人生の予備校）に勤務。家庭的雰囲気で74歳まで勤務。君子の三楽（長寿、高潔な心、秀才の教育）を享受。特に秀才の教育は十二分に享受。少人数指導で互いの気持ちがわかり指導が行き届いた。毎日質問や添削指導を受けに職員室に多数やって来た。いわば一つの家族だった。国公立の医学部をはじめとして希望の上級学校に合格していった。強い意志と継続した努力とそれを支える愛情があれば夢は実現することを強く感じた。様々な形の指導・交流を通じて生徒の夢が実現した時の幸せは筆舌に尽くし難い。

　人生の醍醐味である趣味はゴルフ、卓球、釣り、漬物作り、旅行、家庭菜園、囲碁、漢字パズル等である。囲碁は素人４段格で今はテレビを楽しむくらい。漬物作りでレシピ完成まで数年かかったラッキョウの甘酢漬けは評判の一品。ゴルフは月数回のコースを楽しみベストスコア69、ホールインワン４回、エイジシュート109回。月例杯上位３位まで宮崎日々新聞に掲載された回数は30回。本格的に始めたのは退職後。基礎の反復練習と弱点矯正のために常にインストラクターに診てもらったのが良かった。この点はまさに教育と共通している。10坪の家庭菜園ではケール（青汁の原

料）、玉葱等を栽培。その成長を見るのが楽しみで活力の源泉となっている。愛情を注ぐと太陽光等の恵みで目に見えて成長していく。私も多数の人から愛情を受けてきたが必ず社会の発展に還元される。愛情の大切さと自然エネルギーの偉大さを感じる。持続可能なエネルギー活用が叫ばれている昨今だがそれが可能な気がする。漢字パズルは月1冊。漢字、文字は無限で大辞典やスマホ等の助けが必要。あらゆる分野から出題され自分の無知を思い知らされる。それと同時に人類の発展に寄与してきた文字の偉大さも感じる。

　今私が気になっていることは、国家と地球の存続である。核や大国の覇権主義、化石燃料、宗教の対立、コロナ禍等の複雑な世界で、どのように世界各国との調和を図り発展させていけば良いのか。私の理想、願望はあらゆる人達の叡智を結集することである。そのような人達を育成するのは、知識、技能だけでなく他と共に人類全体の発展に寄与する心の教育が必要だろう。教育者に課せられた責務は極めて大きい。また、スピードや効率を求める風潮の是正も必要で本来の地球や宇宙との共存を図る視点で人間が直面している様々な課題に取り組み自然の持続可能な諸エネルギーを最大限に利活用したい。もっとゆとりのあるスローライフへの転換も必要だ。その思いを広げるためには世界的視野を持つ人材の育成が必要で、その根底となるのは、我々人間や我々を取り巻く自然や森羅万象への愛情ではなかろうか。そのような人間を育成するのは教育の最大の務めであり楽しみでもあろう。子を慈しむ深い母親の如き愛情を背中で生徒達にそれとなく見せられたら良いのだが。自戒を込めて夢を述べてきたが、一人でも日頃の生活の中で実践する人が現われることを切に願いたい。今日より明日が良くなるように。

私と日教組

元福岡県立筑前高等学校校長　**林 俊郎**

　私が生まれたのは広島県佐伯郡五日市町というところで、当時五日市町は全国の町で人口が一番多い町であった。ちょうど広島市と宮島の中間に位置していたが、現在は広島市に編入され広島市佐伯区五日市となっている。私の父は中学校の音楽教師、母は小学校の教師で叔母（父の妹）も小学校の教師であった。私が物心ついた頃は、日教組全盛時代で、特に御三家（福岡、京都、北海道）に次いで広島も活発で、全員全入時代で当然両親も組合員であり、組合費も給料から天引きされていたようである。ただ、父は組合活動には熱心ではなかったようで、それは音楽を専門にしていたことが大いに影響していたようである。共産圏の国（ソビエト連邦・東欧・中共など）には優れた音楽を含めた芸術は生まれないと思っていたようで、人間味あふれる喜怒哀楽はそういうところでは表せない窮屈な国と感じていたようである。また、父は日本全国の民謡に心酔していて、暇があれば、全国を歩き回って民謡を集めて、地方の文化・伝統に触れていたようである。残念ながら、私が高校3年生の時に他界してしまった。

　両親とも公立の中学校・高等学校には子供を行かせたくなかったようで、私は私立のH学院中学校・高等学校という中高一貫の学校に行くことになる。昭和38年度入学で私は8期生であり、兄がすでに高校3年生で3期生であった。中学1年から6年間、3クラスしかなく男子のみであったので、人とのつながりは非常に強く仲が良かった。キリスト教カソリック系（旧教）の学校法人であったため、教えていただく先生方は、過半数を超える方が神父さんや神父を目指す方々が先生であった。当然そのうちの4割程度は外国人であり、国別では米国はもちろん欧州・アジアを含め、いろんな国から来られていた。国語・数学・日本史は日本人教師であったが、他の教科は外国人も教えていた。印象に残っているのは世界史を教えても

らったD先生、先生はスペインから来られた方で、最初に言われたことが、日本の教科書は英米中心の記述で書かれた世界史であるから、もっと違った面から世界史を教えると言われ、スペイン史を詳しく教えてもらったり、第2次世界大戦の話では当時ローマ教皇は日本に対して好意的であったことなど新鮮であった。そしてなによりご自分の国の歴史に誇りを持っておられた。日本人からしたらマヤ・インカ文明を壊し、イギリスに完敗した負のイメージが強いが。結果として世界史が好きになり大学受験で世界史をとって受験しほぼパーフェクトであったと思う。それから化学を教えていただいたB先生、アメリカの方であるが、米国のテキストを利用されていて、おもしろい実験をしたりして大変化学に対する興味を沸かせていただいた。私が化学の教師になった影響もあると思う。

　生徒全員が大学受験を考えていて、国立1期校・2期校の時代でありセンター試験などなく一発勝負、東京大学・京都大学や私立は早稲田・慶応大学などを第一希望にしていたようである。ところが当時は学生運動が非常に激しい時代で、昭和44年3月の東京大学入学試験は中止となる。ちょうど佐藤内閣の時。私は成績もあまり芳しくなく、父が他界したこともあり、大学受験に失敗し、浪々の身となる。一旦京都府立大学に入ったが、一念発起し、九州大学理学部に入学する。九州は全くの初めての土地であり、心細い気持ちではあったが、自立しないといけない気持ちであった。そしてそれから50年近く大学時代を含め福岡で生活することになる。九州大学では学生運動には興味はわかず嫌悪感すらあり、いわゆるノンポリであった。卒業年度になり、一般企業か大学院か迷ったが、卒論発表会の時、世界的にも有名な教授だったと思うが、その方に一言言われたことが決め手となる。「林君の実験データは正確さに欠けあまり信用できないが、話は大変面白く聞かせてもらった。君は研究者より学校の先生の方が向いているのではないか。先生という者は口八丁手八丁が大事で、生徒にはったりを効かせたりしないといけないから」のようなことを言われ、結局福岡市立の中学校に教諭として新規採用されることになる。

　初任者で入ったM中学校は当時荒れていた。学校は福岡市の中心部にあ

り、校区は商業地区と港湾地区に大きく分かれていた。私はいきなり3年の担任となった。部活動は若かったこともあり、バスケット部と陸上部をもたされたが、全く素人、経験なし。私は全くと言っていいほど教師としての自覚がなく、高校受験の生徒と夜遅くまで遊んだりして、保護者からクレームがあったりした。また、最初の定期試験の時、答案用紙をまっさらで出し、生徒に勝手に書かせたこともある。ただ若いだけが取り柄であったが、生徒には生身でぶつかり、殴り合ったりしたこともある。特に港湾地区（父親は漁師が多い）から来ていた生徒は気性も荒く激しかった。ただ、どういうわけか喧嘩もよくしたが嫌われてはいなかった。3年の職員は全員組合員で、もちろん中学校全体も管理職以外はほとんど組合員であった。何回か組合活動には強引に連れていかれたこともあるが、最終的に私が入らないとわかると、露骨に無視をはじめ、いわゆる仲間はずれをする。何回か部活動が終わった後、個室に呼び出され取り囲まれて入会を迫ったりもされた。生徒には人権人権と言いながら、組合員以外は人を人とも思わない組合には絶対入るもんかと思ったものである。

　次に行ったU中学校は、組合・福岡教育大出身・体育科が牛耳っている学校であった。結局二つの中学校5年間で3回担任として卒業生を出すことになる。それから、採用試験を受け直して福岡県立高校に勤めることになり、定年退職まで勤め上げる。さて、ここU中学校での体験が私の教員生活の上で礎となる最も大事な時期であった。それは理由が二つあって、一つは、ここで特殊学級（今の特別支援学級のこと）の障害児とかかわったことであった。いわゆる知的障害のある生徒を集めた養護学級であったが、重複障害の生徒もいて、視覚障害や肢体不自由の障害を併せもっていたし、たぶん発達障害の生徒もいたはずである。そんな生徒の教科指導以上に難しい生徒指導上の、生徒の「ほめ方」と「しかり方」が学べたことである。それは、健常児の指導にも大いに役に立った。それからもう一つ、これが一番影響の大きいものであった。それは同和教育に目覚めたことである。なぜ同和教育に深く関わることになったか。動機は日教組組合員に一人単独で戦っていくためには、一番の武器・盾になると思ったからであ

る。当時日教組と部落解放同盟は強い繋がりはあったが、組合員はあまり
同和問題・同和教育を勉強していなかった、というか、解放同盟の言いなり
であったと思う。当時U中学校は同和地区を抱えており、生徒のための
学力保障のための学習会が行われており、地区の人のための識字学級も
あった。昭和40年「同和対策審議会」答申がなされ、同対審答申の完全実
施を求め、ついに昭和44年に「同和対策事業特別措置法」（同対法）が10
年間の時限立法（後に３年間延長）で成立、昭和57年まで施行された。U
中学校時代は、まさに同対法施行の後半の時代で、同和教育真っ盛りの頃
である。当時福岡県同和教育基本方針に基づき、県下の小・中・高のすべ
ての学校は特設授業を実施していて、U中学校も実施していた。その同和
特設授業の時、生徒が不用意か故意か差別発言し、担任の指導もまずく大
問題になり、福岡市教育委員会からの調査があり、部落解放同盟による糾
弾会が実施された。平日夜の９時過ぎから始まり夜中まで行われた。組合
員だった女性教師が、まだ子供が小さいので早めに帰ろうとしたところ、
解同の方が誰も帰さない、反省ができてないと詰め寄って来た。糾弾会は
厳しく、終了まで職員全員残された。私はますます同和教育にのめりこん
でいった。
　校内に「同和教育推進委員会」（同推）があり、同推委員長を若いなが
らもさせてもらったとき、昭和58年に奈良県橿原で全国同和教育研究協議
会（全同教）結成30周年が開かれ参加した。当時の校内の特設授業では２
年が扱う歴史が非常に難しく各担任の力量の違いもあり先生方は苦労され
ていた。私は何か映像を使って学年一緒に学べるものはないかと思い、全
同教大会に参加した。その時に「渋染一揆」を扱った映像を見つけ持ち帰
り、一人で指導案を作りあげ、職員研修で発表し、組合員の先生方から高
評価をもらった。それからは先生方から同和教育は林に聞けば大丈夫と言
われるまでになる。動機はどうであれ、日教組のおかげで同和教育を深く
学ぶことができ、当然今では同和教育は人権教育であり、それは道徳教育
そのものである。教育の原点は道徳教育であり、私の長い教員生活の礎と
なった。

「忠恕」の心で

1 はじめに

　これまでの教師生活を回顧する中で、これからより充実した教師として生徒の育成に第一線で活躍されるであろう先生方に少しでも役に立つならばと思いペンを執った。教育の果たす役割はこれからの社会において我々が経験したことのない状況の中で起こる様々な局面を解決し、誰もが安全で安心した生活ができる平和な世の中をつくるための基礎づくりである。その責任を教員は背負っていることを自覚し、教育に邁進してほしいと願っている。そのためには「教育は人なり」といわれるが、教師が日々の研究・研修を積むことで、指導力の向上を図るとともに、人格を磨き、生徒が憧れるような存在になるための努力が必要である。「情熱（passion）・使命感（mission）・行動力（action）」を持って、「目の前の生徒を育てるために自分に何ができるか、何をすべきか、そのためにどのように動くか」を常に考えてすべての教育活動に当たってほしい。生徒は我々が計り知れないほど無限の可能性を持っている。

　大正時代の社会教育学者後藤静香氏の「第一歩」を紹介する。「十里の旅の第一歩　百里の旅の第一歩　同じ一歩でも覚悟がちがう　三笠山に登る第一歩　富士山に登る第一歩　同じ一歩でも覚悟がちがう　どこまで行くつもりか　どこまで登るつもりか　目標が　その日その日を支配する」。生徒により高い目標を持たせるとともに教師も崇高な目標を持ち、日々精進することが生徒の可能性を伸ばすことに繋がる。しかし、時にはどんなに頑張っても成果が出ないこともある。マラソンの高橋尚子氏が自分を励ますためのことばに「何も咲かない寒い日は、下へ下へと根を伸ばせ。いつか大きな花が咲く」がある。教育の成果は数十年後に出てくることを信じて生徒の成長を見守ろうではないか。

　さて、私の経歴であるが、昭和51年４月佐賀県立学校数学の教諭として採用されてから平成31年３月私立学校を退職するまでの43年間は普通科高校４校、専門高校２校、県教育庁を経験、さらに県立学校退職後は私立中学・高校への勤務、農業科、普通科、商業科、工業科と多種多様な学科で生徒とともに多くのことを学ぶことができた教師生活であった。

2　教諭時代（その１）

　前半の約20年間は担任および数学の教師として教科指導、出口の保障としての進路指導、人格形成と豊かな人間性の醸成のための生徒指導、放課後は部活動指導を通して技術力向上や社会性・忍耐力の構築と土日祝日を含め生徒の育成に邁進してきた。教科指導では、生徒が基本的な知識や技能を習得し、これらを活用して課題解決のために必要な思考力・判断力・表現力の能力を身に付け、好奇心を持って自発的に考えることができることを目標に教材研究と共に指導技術の向上に努めてきた。新採から９年目に県教育センターの長期研修生として取り組んだことは、教育工学的手法を用いての指導案作成で、毎時間の到達目標を設定し、中学校の教科書を踏まえた既習内容の学習系統図を作成し、フローチャート式の指導案を作成したことはその後の教科指導に大変役に立った。言うまでもなく、学力が低い生徒への授業に対しては既習事項をより深く掘り下げることが大切であり、より多くの教材研究の時間が必要とされる。後に管理職になった時、学力が低い生徒への指導で教材研究を疎かにすることがないように先生方に厳しく言い続けてきた。

3　教諭時代（その２）

　教諭時代の平成４・５年度の２か年間、当時の文部省の派遣でマレーシアのマラヤ大学で現地の学生に数学を指導するという機会をいただいた。このプログラムは1981年、マレーシアの首相マハティール氏が就任直後に掲げた「日本の集団主義と勤労倫理を学べ」とするルックイーストポリシーの一環で、日本の大学の留学を前提にマラヤ大学で２年間の予備教育

を行い、その2年目を日本の高校の現職の数学、理科（物理・化学）教師が原則日本語で日本の高校の3年間の履修内容を短期間で指導するものだ。私が派遣された時は、マハティール氏が「教育こそ国家の柱」という考えで日本への留学制度をはじめて10年が経った頃であったが、マレーシアの学生が必死な思いで日本に留学するために勉強している姿と比べ日本の高校生のモラルの低下、「一生懸命」や「努力」が格好悪いという風潮さえ感じられるなど、日本の高校生・大学生はマレーシアの学生たちのお手本と言えるだろうかとも思い、私自身教師として何をすべきなのかをしっかりと考えていかなければならないと痛感した2年間であった。

4　中間管理職として

　教諭時代の残り4年5か月の学年主任、教務の副及び主任のいわゆる中間管理職時代は短い期間であったが、上司の指導のもと学校全体を見る機会を得、後に管理職になってからの校務運営に大いに役に立つことになった。人を動かすためには論理的に更にその人の考えや立場を尊重しながら柔軟な思考でことを進めていくことの大切さを知ることができた。この時の4年余は何十年にも思えるほどつらかったが意義ある時間を過ごした。

5　管理職として

　校長は言うまでもなくリーダーすなわち学校の舵取りであるが、生徒の矢面に立ち、動くのは教師団である。ここで何よりも大切であることは校長と教師団との信頼関係である。校長の役割はオーケストラの指揮者と共通するところがあると言われるが私もまったく同感である。校長のリーダーシップとは、職員の性格、個性、特長を十分把握した上で、それぞれの役割を職員に与え、その力を引き出すことである。校長の1つの学校での在職期間は長くて4～5年である。校長は自分の考えで学校を良くしようと前向きに懸命に指揮棒を振っているが、後ろを見ると誰もついてきていない、あるいはその校長が異動または退職すると以前の姿に戻ってしまうことがよくある。常に楽団員の方を見て指揮棒を振るオーケストラの指

揮者のように、学校の目指すべき姿を全職員に周知徹底し、現状を更にステップアップするための方策を関係分掌と連携し、決定事項に職員が一丸となることが、美しい音楽を奏でること、すなわち素晴らしい学校づくりをすることになる。更に、職員を包み込む豊かな人間性と包容力を持ち、学校内で起こるすべてのことに校長は責任を負う覚悟を持つこと、言い換えれば、校長の肩書は部下を守るためにあると考える。また、生徒に対しては、できるだけ多くの生徒の名前を覚え、生徒の特技、得意科目や部活動の様子などを話題にすることが、生徒の頑張る元気に繋がると信じ、対生徒にできる校長としてのささやかな努力と考え実行してきた。

　これらのことは私の教育の根底となる忠恕である。忠恕は論語の里仁の中に出てくる「夫子の道は忠恕のみ」からとったもので、私はこの忠恕を「自分を大切にすると共に、周りの人への思いやりを持つこと」と咀嚼し、校長として勤めた学校の生徒に忠恕の心を持つことの大切さを説いてきた。最後に勤めた県立高校では当時の生徒指導主事の提案でこの「忠恕」のタイトルで職員に対し、週に１〜２度、自分の失敗談や心温まる経験談を用紙１枚程度書いたものを生徒に配布し生徒に思いやりの気持ちを持たせるような企画をした。生徒指導主事は年度末に先生方の１年間の投稿を冊子にして配布し、生徒が読み返す機会になった。ここの学校の生徒は学力的には大変優秀であったが、中には、叱られた経験が少なく、間違ったことをした時にどのように謝ってよいか戸惑う生徒もおり、この「忠恕」の冊子は将来の社会のリーダーとなる人物にとって必要な豊かな人間性の構築のための役割を果たしてくれるだろうと信じている。

6　終わりに

　今後は、わずかばかりの畑に季節の野菜を作り、その成長をこれからの社会を担う生徒たちの成長と重ね合わせながら、私自身昨日よりは今日、今日よりは明日と少しでも成長できるよう自己研鑽をしていきたいと考えている。また、これまで関わりが薄かった地域とのつながりを大切にし、ボランティア活動、子どもたちの見守りなど微力ながら力を注ぐ所存である。

教員生活における
学校運営と経営について

元新潟県立新潟北高等学校校長　飯沼和男

1　県、新潟市と学校法人の教育及び行政職等の運営・経営について

　私は、新潟県の公立高校の理科（物理）教員として採用、教諭等で25年、管理職・行政職及び私立高校長等で20年（内私立高校長9年）、計45年の教員生活を送った。教科では、理科（物理）と数学科を担当し、校務分掌・教科外活動等の業務につき、管理や経営で役立ったのは、旧文部省登山研修所で数回研修を受け、「学校事故の法的責任」についての学びがある。教科や分掌でも、自主的に専門書の輪読会を組織したり、手当たり次第に読書などで必要な知識や指導の手法等を模索した。独立行政法人教員中央研修センターや文科省海外教育視察研修にも加えていただき、専門的な教育管理経営等に関して学び、見聞を広く深めることができた。

　しかし、振り返ってみると勤務した高校ではあるが、それぞれ課題があり、一律には行かず、懸命に最適解を求めて工夫や努力をせねばならなかった。行政職でも同様で県教育庁と新潟市教委でも管理主事であったが、その差異に戸惑いも感じられたが、課題解決のために最適解を求めて対処してきた。

　特に、私立高校長・法人理事として、第一審地裁判決で全面敗訴を受け、急遽控訴審から担当し、弁護士と協議しながら控訴審陳述書を書き、東京高裁証言台に2時間立つ経験もした。そして、控訴審判決は逆転全面勝訴、上告されたが上告棄却で東京高裁逆転全面勝訴判決で確定した。この私立高校は平成4年に生徒数が1,711名でピークであったが、減少の一途をたどり、私の着任時539名、訴訟が確定するまでの5年間で428名になり、それから4年間で607名になる学校及び意識改革をなし、指導困難校から意欲ある生徒が集まる学校に変貌させることができた。私学の管理運営や経営に関する権限の大きさ等を駆使すれば、かなりのことができることを実

感した。県立高校と比べて新潟市立高校でも管理運営や経営に関して権限の駆使に差異があり、それを駆使して随分学校改革をしたが、私立高校は特別に権限の差異の大きさを感じた。

　さて、訴訟対応と並行して学校改革や教職員の意識改革等も着手したが、訴訟の結果が出るまでは組合対応も含め雑務が増加した。学校評議員会を開催して学校の教育内容の地域への発信及び主幹・主任教諭をその説明や質疑等に対応させることで、教育への責任感と意識改革を求めた。また、原則として週1回「主幹・主任会議」を開催して、学校の課題等を共有し、管理職からは教育の新しい状況、他校の動き等を周知し、学校ブランドや教育力の向上、それを生徒増に繋げる方策を検討し実施した。更に、外部委託して学校・教職員・生徒の現状を調査し、学校教育を改革、学力向上、意欲向上のため競技指定等の強化策を実施した。

　一方、新潟県では、平成23年度から「新潟県魅力ある私立高校づくり支援事業」を立ち上げ、KG高校では提示の3分野の内、「国際人材の育成」で応募、内容は①英語教育を強化して「全国高校生英語ディベート大会」へ県代表を送るために事務局を運営する。実用英語検定等の受験指導、英語力の強化を実施し、公費等による海外留学を実現させる。②この事業に取り組み、外部評価を受け、多様な教育活動に取り組み、教育力の向上、教職員の意識改革を図り、学校のブランド力を向上させ、更なる生徒増により経営の安定と学校の活性化をめざすとし、採用された。

　また、県内唯一の看護科については、医師・看護師不足の顕在化から県が機構改革により「医師・看護職員確保対策課」を設置するとの情報から看護科を2学級への定員増を文科省・県（大学・私学振興課、福祉保健部）等と協議し、平成25年9月に申請し、12月に文科大臣の認可を得て、平成26年度入学生から看護科定員を倍増し、普通科を1学級減、定員は変えず1学年計6学級とした。これが様々な方面で良い結果に繋がり、看護科の生徒は5年一貫教育で看護専攻科修了時に看護師国家試験の合格を目標とし、それに向け高校生活においても勉学に励むので、この意欲が学校全体に広がった。生徒数も全学年完成時には看護専攻科で2学級分80名増

となるので、平成30年度入学生までは確実に毎年増加する。これまでの生徒減を脱した中で教職員も積極的に教育活動に関わり、学校の偏差値が10ポイントアップ、私が退職直後の平成30年度初の生徒数は607名まで増加した。私の着任時から約70名の増加、意欲ある生徒が増え、活気が溢れた。

2　県立高校・新潟市立高校・私立高校での学校経営比較等について

　県立高校では生徒の教育について、各高校にその役割が分担されており、その役割のアレンジは県が指導をする。その県の指導の範囲内で校長等は工夫し、校内の指導システムを構築、指導によるから校長の裁量範囲は限られる。校長の仕事は、日常の教育活動の調整や県からの指導等から限られ、校長協会等の仕事分担がある。

　新潟市が政令市への移行等も含め教育行政で学校改革を実施のために割愛になり担当した。市立3高校の内、①工業科を併置する共学の普通高校、②普通科女子高校、③定時制・単位制高校の学校改革をした。市民の大学等進学意欲が高いことに応える高校への改革を含めて3高校にそれぞれの特色を強調した。①は総合選択制・単位制の全日制共学普通高校、②は中等教育学校及び③は学習歴の多様な生徒のための定時制・単位制高校である。それを実現、それぞれの特色を活かし、市民が期待する大学等進学にも成果を上げている。市立高校が3校と数が少なく、政令市の教育予算から県立高校や市内に多い私立高校との比較で特色を出す予算を組んでいただき、現在は、人事を県から分けたので、高校教育を担える人材を育成し、研修することが今後の課題である。

　私立高校では、学校法人の理事長が教育長と予算を付ける首長にあたり、他と比較し、経営の裁量幅が狭くない。したがって、校長の裁量が教育分野だけでなく、経営や運営等にも権限が広く、条件にもよるが、かなりの学校改革等が可能である。しかし、公立学校は法令や条例に沿って運営されるが、私立高校では寄附行為や就業規則等で運営され、特に労働基準法等の労働3法の世界である。労働基準監督署、労働委員会や民事訴訟等に対処することが求められる。学校経営を安定させるには、財政基盤が重要

で、まずは生徒数確保等である。しかも経営手腕が求められ、マーケティングや学校教育への信頼（ブランディング）等も大切である。私は、私学経営において結果的に負の遺産を引き継ぎ、学校への信頼等を復活させ、意欲ある生徒が入学するようになったことは、関係の方々に深く感謝し、私の教員としての糧となった。やり残したことは、後任の方々に委ね、今後を期待したい。

3　考察及び感想等について

　県、政令市及び私立の3種の高校、行政そして経営等に携わる経験では、職務権限等で私立が狭くないが、その分守備範囲等も同様である。そして、学校数が少ない市立・行政等では、県立高校や私立高校に対して特色を強化するために予算等も含め配慮があるので、県立学校等より権限は狭くない。県では、教育全体を考え、校長や行政職の裁量もそれぞれの状況に対応し、設定されている。私にとって私学経営を考え学ぶ中で、海外に多い「管理職認証」の学び等にも好奇心を持ち、「京都大学私学経営アカデミー」で学ばせていただき、最終論文後に口頭試問を経て「学校経営ディレクター」資格の認証をいただいた。様々な想いをいだき、今があり、充実感と満足感が少し芽生えた。

人生いろいろ
振り返ればすべて当たりくじ

元沖縄県立宮古工業高等学校校長　**多良間 勉**

1　はじめに

　私は、1952年沖縄県宮古島に生まれた。地元の高校卒業後、国費留学生として京都教育大学体育学科へ進学した。当時、沖縄県はアメリカの施政権下にありパスポート持参で日本本土に渡った。大学2年時に祖国復帰し沖縄県となる。卒業後は宮古島の中学校、高校で38年間勤務した。その間、教頭、校長を勤め定年退職した。

2　私の人生を変えた学校対抗秋季陸上競技大会

　私は、中学、高校まではバレーボール部だったが、高校3年時の10月、宮古地区高校対抗秋季陸上競技大会に学校代表として100m、200m、400mリレーに出場し3種目とも優勝した。私は、その時期まで卒業後の進路を決めかねていた。大会数日後、進路相談室に行ったところ国費留学生の体育学科への受験を勧められた。教師になりたいと思っていたが体育教師は頭になかった。しかし、陸上競技大会の活躍の余韻がまだ残っていたのか、進路相談の先生の指導を素直に受け入れ体育教師への道を志すことになった。まさに人生行路を決めた大きな分岐点であり、まぎれもなく私の人生を変えた学校対抗秋季陸上競技大会であった。

3　陸上部の仲間に支えられた苦悩の大学時代

　大学ではバレー部でなく陸上部へ入部する。身長が172cmしかなくバレーではアタッカーとして通用しないだろう。それよりも大学4年間専門的に陸上を練習すれば記録が伸びるだろうという思いがあった。当時の最新トレーニング法『マック式短距離走の基本運動』等を徹底して練習した。しかし、努力すれども記録が伸びず大会では予選落ちが続いた。大学4年

間で100mは高校時代の記録を0.2秒短縮しただけ。200mに関しては短縮できなかった。記録が伸びない・明かりが見えない苦悩の日々が続いた。そんな私を温かく見守り接してくれたのは同期の仲間達だった。仲間達のおかげで4年間陸上を続けることができた。仲間達には感謝です。

4　現職時代は部活指導に熱中

　卒業後は宮古島に帰り教職につく。初赴任校は宮古島からさらに南の多良間島の中学校。ここで思いもかけないことが起きた。あれほど伸び悩んでいた陸上の記録が飛躍的に伸びたのである。赴任して7月の全宮古陸上競技大会で100m11秒2、200m23秒2の大会新で優勝する。大学時代あれほど練習したのに伸びなかった記録が教師として日々の仕事に追われる中、大記録？が出たのだ（当時の競技場は土のトラック）。その時の心境を日誌に記した。「記録が伸びない大学時代は空にドス暗い雲が覆っていたが、今見る空はドス暗い雲の割れ目から太陽の光が射しスポットライトのごとく僕を照らしている」と。初めて晴れ晴れしい気持ちになった。一度はやめようと古巣のバレー部に足を踏み入れた時期もあったが、「陸上を続けて良かった」としみじみと思った。4年間の努力が実った。大きな自信となり生きる力となった。まさに「継続は力なり」である。3年後、母校の宮古高等学校に転勤となり陸上競技部の顧問となる。部のモットーは自己体験から「継続は力なり」を掲げた。努力すれば必ず結果が出るという信念で指導した。生徒と共に走り指導に熱中する日々を送った。

5　地域への貢献―地区高体連、宮古島陸協の一員としての誇り

　校務の傍ら宮古地区高体連（5高校）の理事・理事長・会長や宮古島陸上競技協会の理事・理事長・会長等を歴任した。その中で特に、昭和58年度沖縄県高校駅伝大会を宮古島で開催、大成功したことが誘因となり、2年後にトライアスロンが開催されたことや平成13年度全九州高校駅伝沖縄大会を宮古島で開催できたことは最高の思い出である。そして「全日本トライアスロン宮古島大会」に第1回から大会運営に関わることができたこ

とは私にとって大きな誇りとなった。トライアスロン開催以前の宮古島は、台風銀座とも言われ台風の島、また、干ばつの島、山もない、川もないというマイナスイメージの強い島であった。知名度も低く、私は大学の友達に生まれ育った宮古島を語ることができなかった。ところが、今では宮古島を誇りを持って堂々と語ることができる。人として自分が生まれ育った郷土を誇りを持って語ることができることは幸せなことである。トライアスロンはグレードアップさせ、全国に広く知らしめた。私は地元の宮古毎日新聞社に依頼され『なぜ？宮古島にトライアスロンが開催されたか』のテーマで連載させてもらった。また、宮古島市の記念誌『全日本トライアスロン宮古島大会35年の軌跡』にも同様に執筆する機会を得て、開催までの経緯等を詳細に紹介することができた。多種多彩なスポーツがある中でトライアスロンほど宮古島に貢献したスポーツはなく、まさに、宮古島の歴史を変えたトライアスロンである。

6 校長経験から後輩に紹介できること

「校長室を生徒をほめる場所」と指定した。職員にその趣旨を説明し、スポーツ面、文化面、ものづくり大会等々で活躍した生徒を校長室に呼び褒め讃えた。言葉だけでなく図書券をプレゼントした。また、地元マスコミ（新聞2社、テレビ1社）に取材を依頼し地域社会にも紹介させてもらった。さらに、紹介された新聞記事をダミネートして記念として生徒にプレゼントした。これまでは「○○君・○○さん校長室に呼ばれているよ」と言われたら、「お前何か悪いことした？」と思われるのが常であったが、徐々に生徒間で浸透され喜んで校長室に来るようになった。学校活性化にもつながり校長冥利に尽きることであった。

7 人生哲学「人間はすべて選ばれてこの世に生まれてくる！」

小学6年の修学旅行後にすべてに終わりが来ることに気づかされた。また、高校2年時には死の恐怖があった。その時の心情を学級文集に綴った。死の恐怖と戦いながらも、一方でこの世に生まれたことへの喜びも綴った。

そういう心境は大学時代まで引きずっていたが、教師時代はこの世に生まれたことをより肯定的に捉えられるようになった。そこから「人間はすべて選ばれてこの世に生まれてくる！」と結論づけた。その理由の一つは、生命が誕生するためには1個の卵子と1個の精子が結合し受精卵ができる。卵は1個だが精子は約3億個あり「約3億分の1の確率」で受精卵ができることになる。また、せっかく受精卵ができても子宮に着床できるのは約40％という。そのことを考えると「3億分の1の確率ではなく天文学的な確率」で人間は生まれてくることになる。二つ目は、私が生まれるためには父と母がいる。父と母が生まれるためには4人の祖父と祖母がいる。遡ること10代で1024人、20代で104万8576人、30代で10億7374万1824人、40代で1兆995億1162万7776人…と想像を絶する数の先祖が存在する。また、この先祖の命の連鎖が何代かに一度でも別の人であったならば私は生まれて来なかったことになる。一人の命の誕生は、まさに奇跡であり「人間は選ばれてこの世に生まれてくる！」と思うようになった。この人生哲学をベースに生徒には「選ばれるということは有能だよ。皆さん一人ひとりは凄い能力を秘めている。だからその能力を磨いて人生を歩み、自分の使命感を果たしていくこと…。オンリーワン・存在価値があるんだよ」等々と自己肯定感を育む教育を授業や校長講話等で実践した。

8　定年退職後の生活心境

　退職直後は最高の幸せを感じた。「こんな時間が持てるんだ」と夢のような感覚を覚えた。そして、振り返って60年の人生は順風満帆ではなく、いろんな場面で悩み、苦しみ、迷い等の人生岐路があったが、その度に周りの人達に助けられた。「人生、振り返ればすべて当たりくじ」という感謝の気持ちが沸いた。現在は、趣味のゴルフを楽しんでいる。健康のため定年後の居場所づくりは大事である。

　今後の宿題として『自分史』を作成したい。子や孫達への土産として命の源である先祖からの家系図を含め、人生の足跡を残したいと思う。人生一度限り、いつかその時が来るまで「日々感動・歓喜」で過ごして行きたいと思う。

第2章

良き出会いは
成長の糧

―豊かで彩りのある人生を送るために

21世紀型スキル

元青森県立三沢商業高等学校校長　池田　敏

1　現職時のこと

　今別高等学校を振り出しに、三沢高等学校、三本木高等学校と、主に科目としては世界史を担当する教諭として勤務しました。三本木高校時代には、大学受験に関わる世界史のホームページを開設したところ、他県の生徒からも相談を受けたこと、また、進学校として成長著しかった宮崎西高等学校へ学校訪問させていただいたことは忘れられません。特に「すごい」校長先生（宇田津一郎校長）との出会いは衝撃的でした。学校のリーダーとしての在り方・姿勢が私のあこがれとなったことを思い出します。

　また、進路指導主事時代には、田村充治校長先生（後に県教育長）の下、最も近くで、教育者としてのあるべき姿を学ぶことができたことに心から感謝しています。

　さて、三本木高校勤務15年目の時に、本県で最初に実施された県立学校教頭及び指導主事候補者選考試験を受験し、翌年、県総合社会教育センターの指導主事として採用されました。文章作成一つとっても、それまで積み重ねてきたことが、いかに未熟なものであったかを知ることができたこと等、学んだことがたくさんありました。「コミュニケーション能力」や「ボランティア活動」を始め、「発達障碍」「不登校」「アサーション」等について、学校現場以上に深く学ぶ機会を得たことも、その後の教職人生において大きく役立つことになりました。

　さて、県総合社会教育センターでの勤務のあと、県教育庁県立学校課指導グループの指導主事として、教科指導の他、生徒指導について担当させていただきました。また、年度半ば教育庁内に「いじめ問題対策チーム」が設置され、その関係から義務教育課指導主事も兼務することになりました。それと同時に、夜間・休日を含め24時間体制で電話相談に応じる「い

じめ相談電話24」の開設とともに、組織の末端を担うことになりました。この時の経験が、その後の学校管理職としての大きな指針となっています。

　1年後には教育政策課の指導主事となり、初めて県議会への対応業務を経験しました。また、学校教育に求められていることは、「確かな学力の獲得」のみならず、予測することが難しいこれからの時代を逞しく生きていくための「人づくり」であることを改めて自覚するとともに、どのような資質・能力を身に付けることが必要かについて深く考える契機となったことは、教育者として大きな収穫となりました。

　4年間の行政経験を経て、教頭として六戸高校へ赴任しました。2年間だけの勤務でしたが、最も心に残っていることがあります。当時は路線バスの減便による、通学の利便性や放課後の部活動時間の確保が大きな課題となっていました。そこで、夏季休業中に、「私鉄路線バス及び町営バスの時刻表」と「バスの停留場と運行ルートを確認するための地図」を用意し、どのように組み合わせれば、現在よりも、より良い通学環境や教育環境が確保できるかを考えた上、校長へ報告・相談するとともに、校長了解の下、地元の町長へ校長とともに具申することとなりました。この後、即刻、バスの発着時刻やルートの一部変更について取り組んでいただけることになった喜びは、今でも感謝とともに印象深く記憶に残っています。

　次に、教頭として赴任した三本木高校は、かつて教諭としての勤務経験がある、いわゆる進学校です。前任の教頭からは、4月早々に、「スーパーサイエンスハイスクール（SSH）」の指定を文科省から受け、取組みが始まる旨の説明を受けました。早速、当該校の事業計画書を熟読したところ、事業目標の中に聞きなれない言葉を発見しました。その後の教職人生に大きく影響する「協調学習システムの構築」という文言でした。

　この「協調学習」がどのようなものかを理解し、さらに、この「協調学習」の素晴らしさに気付くまでには、少なからず時間を要したことを覚えています。翌年も、SSH担当主任から、「協調学習については、東京大学に研究している教授がいらっしゃるようです」という情報を得ている程度でした。しかし、7月に、青森県でインターハイが行われ、その関係で来

県した埼玉県教育局県立学校部の方が、学校訪問してくださることになりました。本校のホームページ中のSSH事業の記述に「協調学習」という文言があったことが縁となったのです。当時、埼玉県では、県教育局の県立学校部が中心となって、「知識構成型ジグソー法による協調学習」に関わる事業を推進していました。

　校長室での対談を通して、まさに目から鱗が落ちる思いに至ることになりました。それまで蓄積してきた様々な知識が一挙につながった瞬間でした。この時、私は「埼玉県教育局はすごいことに取り組んでいる。青森県もこのままではいけない」という危機感さえ覚えたことを、今でも忘れられません。

　翌年、黒石高校に校長として赴任することになりました。この高校には普通科・看護科及び専攻科看護科の他、定時制課程もあり、教頭が3人配置されていました。この3人の教頭とともに、校長として、どんな人づくりに取り組むべきか、心はすでに決まっていました。

　「生徒一人一人が、これからの時代を、自立した人間として多様な他者と協働しながら創造的に生きていくために必要な資質・能力を身に付けること。そして、将来にわたって夢を描き、その実現に向けて努力し、自信に満ちた、実り多い、幸福な人生を送ることができるようにすること。そのための『21世紀型スキル』をすべての生徒が身に付けられるようにしよう」と。

　ところで、『21世紀型スキル』（北大路書房、2014年）には、『21世紀型スキル』とは「他者との対話の中で、テクノロジーも駆使して、問題に対する解や新しい物事のやり方、考え方、さらに深い問いなど、私たち人類にとっての「知識」を生み出すスキル」という記述や「子どもが授業の最初に比べて最後に『自分の考えが変わった、学んだ』と感じられるような教育を積み重ねることこそが『21世紀型スキル』の教育」という表現があります。

　そこで、私は、教頭に、こういった学びのスタイルについて説明し、埼玉県教育委員会とCoREF（東京大学大学発教育支援コンソーシアム推進

機構）が行っている教員対象の研修会にオブザーバーとして参加させることにしました。その研修会後には、自校教員を対象とした「知識構成型ジグソー法による協調学習」についての研修会を教頭を講師として実施しました。その時の教員の眼差しの輝きは、今でも忘れられません。しばらくして「こんな授業をもっと早く受けたかった」という声が生徒から届くようになりました。

　その後、黒石高校で3年間、三沢商業高校で2年間にわたり、埼玉県教育委員会とCoREFのスタッフの皆様方の力添えをいただきながら、『21世紀型スキルの教育』の一つとして、協調学習を活用した授業改善に一貫して取り組むことができたことを一番の誇りに思っています。また、これらの取組みによって多くの才能豊かな方々と出会えたことは、私の心の財産です。

2　退職後のこと

　現在、退職して4年目を迎えました。まず、最初の数か月間は書類整理に追われましたが、合間を縫って、現職時代から考えていた「時間に余裕のある退職後に行いたいこと」を実行することにしました。プロスポーツの観戦、歌舞伎・能楽・落語等の古典芸能の鑑賞といった趣味を楽しむこと、母を見送った後の実家の様々な後始末、自分自身の終活、気の遠くなるような雑務等、これらは、後述したものほど、時間と労力を要します。ただ、充実感を伴うものもあります。特に、ささやかながら家系図については、整理する過程で改めて見直した人との出会いや、先祖が辿った人生の一部が垣間見えたこと等を含め、感慨深い思いが残りました。

　退職後の人生において、配偶者とともに過ごす生活は、楽しく有意義でかけがえのない時間となっています。今、あらためて思うのは、ゆっくり流れる時間の中で、目の前にある日常や、ささやかな事一つ一つに興味・関心を持って過ごすことの有難さです。今後も、心身ともに健康であることに感謝しつつ、新たな自分探しを楽しんでいくことができればと願っています。

私の歩んだ道、これからの夢

元沖縄県立球陽高等学校校長　**新垣信雄**

1　定年までの教師人生

　大学卒業後、２年間、離島や本島南部・中部地区の３校で補充教員とし
て働いた。その時の経験が私の教師人生に大きな影響を及ぼした。３校と
も校種が異なり、生徒の目指す進路もそれぞれ違った。教師の仕事は、生
徒個々の夢実現に全力投球し、支援することだと実感した。その後、採用
され定年まで教諭として４校19年、指導主事等の教育行政８年、教頭２年、
校長２校３年の計34年勤務し、平成24年３月定年退職した。教職に就いて
から大切にしたことは、「生徒がいるからこそ教師は存在する」という思
いと、先輩、同僚、友人から学ぶ姿勢を忘れないこと、同僚、仲間との交
流を大切に、切磋琢磨して、教育実践に最大限努力し続けること等であっ
た。

（1）教諭時代

　採用後の赴任地は離島の高校であった。４年間勤務し、学級担任と生徒
会顧問を務めた。ベテラン教員の姿勢を見て、教科指導、学級経営、生徒
指導、部活動等多くのことを学んだ。家庭訪問を通して、離島の保護者の
教育への熱い思いを感じることができた。生徒会顧問として、学校側の意
向を伝え、自治活動の意義や理想を述べるだけでは、生徒会役員を説得で
きず、力量不足を感じた。生徒の意見・要望に耳を傾け、学校側と調整す
ることが大切だとその時学んだ。部活動では、大学で学んだ空手道を活か
し、生徒と共に放課後汗を流した。県大会で優勝し、九州大会、全国大会
へ生徒を引率した。県外のレベルの高さを知るとともに、自分たちもやれ
ばできるという自信をもってくれたことが嬉しかった。

　４年後、本島の新設校に異動した。生徒も教職員も新しい伝統を築いて
いくのだという気概に燃えていた。学習指導、生徒指導等と悪戦苦闘の連

続ではあったが、とてもやりがいを感じた。学校教育は、教師集団が一枚岩となって課題に対応する必要があることを学んだ。職員間の意思疎通やチームワークの大切さを痛感した。前任校での経験を活かし、生徒会顧問として生徒の意見や要望にもしっかり耳を傾け、生徒会役員をリーダーに育てることに力を注いだ。

　次は、伝統校に異動した。学級担任を2か年務めた後、念願の進路指導部に配属された。校務分掌は主に「進路だより」の発行と「指定校推薦」を担当した。進路情報を収集し、学年会との連携や情報交換の重要性を学ぶことができた。

　7年後、中堅校に異動した。部活動が盛んで、活気のある学校であった。校務分掌は生徒指導部に配属された。指導部内の意思疎通を図り、学年会と連携しながら、校務を遂行した。転勤と同時に県高体連の専門委員長の仕事も回ってきた。専門委員長として、県体協、九州高体連・全国高体連等の関連組織の会議に参加する機会に恵まれ、多くの人と交流し、人を知ることができた。自分の人間的成長に繋がった。その頃、県教育庁からの声掛けがあり、教育行政をより深く理解するよい機会と捉え、また、新しい世界にチャレンジしたいとの思いから学校現場を離れた。

（2）教育行政時代

　指導主事として本庁で4年間勤務した。初めての経験で、最初は右も左も分からず戸惑うばかりであった。先輩指導主事から多くのアドバイスをいただいた。上司にも恵まれた。不慣れで苦慮している姿を案じ、次から次へと回ってくる公文書を処理できるよう早めに回覧してくれた。おかげで、起案文書を作成し、期限内に公文等発送することができた。以後、原義を読みこなし、事前準備に時間をかけた。しかし、国の会計監査には閉口した。国の予算が入った事業は後で監査があることを初めて知った。予算管理の部署から監査に備えて、資料を準備するように言われた。ところが、どこを探しても見つからない。仕方なく、学校現場から資料を取り寄せた。監査対応の準備に5月の連休を費やした。監査当日、成果と課題等の質問を受けたが、何も答えられなかった。県の事業には、国民・県民の

税金が使われ、予算を執行したら、費用対効果の説明責任が強く問われることを知った。当たり前といえば、当たり前のことであった。現場では学べない貴重な経験をした。また、全国指導主事研修会が筑波で行われ、ひと月間研修する機会に恵まれた。全国の指導主事と寝食を共にし、研修を通して各県の教育課題など情報交換をすることができた。県外との人的ネットワークを構築できたことは大きな収穫であった。

　主任指導主事になって、自分の経験から実践したいことが3つあった。一つ目は多忙な職場ではあったが、和気あいあいとした楽しい職場づくり、二つ目は激務による休職者は一人も出さないこと、三つ目は各指導主事の事業は班全員で分担して行うことであった。事業が終わると同時に、次の事業の準備に向けて、5時以降に班会議をもったことは一度や二度ではなかった。しかし、誰一人 drop out する者もなく、行政の厳しさを共に乗り越えてくれたことが何よりも嬉しかった。

　校長1年を経験した後、またしても本庁勤務となり、人事管理監として、教職員の人事、研修・服務などを総括した。教職員の服務規律違反行為が起こるたびに、マスコミへの対応や教育委員会会議への呼び出しなど、課長と苦しい事情説明をする羽目になった。教育に対する県民の厳しい視線を痛感した。けして身内に甘い処分は許されない。組織の秩序や規律を維持するためにも、厳正にと心に誓った。

（3）教頭・校長時代

　教頭を2年間務めた。校長、教頭お二人とも経験豊富で実践力があり、生徒、職員、保護者への効果的かつ教育的対応など大いに勉強させていただいた。特に、PTA総会への保護者参加率を驚異的に引き上げたこと。体育祭の計画や運営を生徒会の自主的な活動へ委ねたことであった。総会の参加率を上げるために、地域の自治会へ足を運び、放送を通して総会への呼びかけの協力依頼をした。時に生徒会役員を校長室に招き、自治活動の意義やあり方など説き、生徒の心に火をつけた。管理職は椅子に座っているだけでは、事は成就しない。時には、外に出で行動し何かを仕掛け、実践することが必要だと悟った。

校長を2校3年務めた。教職の集大成として、教職員を信頼し、意思疎通を図り、生徒の夢実現に最大限支援した。

2　定年退職後から現在に至る

退職後、特に何をするのか、決めてはいなかったが、これまでお世話になった人々や地域社会に何らかの形で恩返しはしたいと考えていた。たまたま、元上司や同僚から依頼があり、大学の非常勤講師を引き受けることになり、現在に至っている。学生には学校現場や行政で経験して学んだこと、生徒や保護者との信頼関係や生徒や同僚との意思疎通の大切さなどを強調してきた。磨けば光る教師の卵との講義は、とてもやりがいを感じている。今後、急速に変化する社会を展望し、広い視野や先見性をもって、人材を育成する教師になってくれることを期待している。

また、校長退職者有志により学校支援を目的として、「沖縄県21世紀の人材育成を目指した進路指導実践研究会」が設立され、会員の一人として働いた。宇田津一郎先生を顧問としてお迎えし、本県教育の発展のために、様々な視点から貴重な指導助言をいただいた。数年後、県教育委員会がその趣旨を引き継ぐことになった。県外難関大学合格者の数が飛躍的に伸びたとの新聞記事を目にし、退職者有志の努力が実を結んだことを喜んだ。

3　これから実践したいこと

これまでの人生を振り返って、決して自分一人で歩んでこられたのではないことを改めて自覚した。家族や多くの人々の理解、協力や支援に支えられて、幾多の困難を乗り越えることができたことに心から感謝している。70代を前に、これで十分社会に恩返しをしたことになるのか、自問自答している。しかしながら、人生100年と考えた場合、まだ余力が残っている限り、何らかの形で社会貢献は可能だと考えている。そのためにも、今後は、心身の健康を第一に考え、維持していきたい。趣味のゴルフを通して仲間と楽しく交流し、図書館にも足を運び好きな歴史小説をじっくり読み返し、有意義な時間を過ごしたいと考えている。

出会いに生かされて

元佐賀県立致遠館高等学校校長　**内川和美**

1　現職時のこと

　教職人生は生物教師として佐賀県立小城高等学校定時制牛津分校での勤務から始まった。最初に担任した生徒は大半が農業などの家業従事者であったが、九州電力、国鉄や農協に勤めている者など全員が勤労青少年であった。３年間担任して分校の２回生として巣立ったが、気持ちのやさしい生徒ばかりであった。分校には昼間家庭科と夜間普通科があり、勤務は連日12時間を超え、また常勤者の少ない分校では校務分掌もいくつもの役を兼ねた。「分校にいれば、学校のことがすべて分かる」と言われたが、分校勤務とりわけ定時制教育に携わって教職生活をスタートしたことは幸いであった。４年後、県立佐賀高等学校に異動した。１学年定員1000名、職員も100名を超えるマンモス校であった。東、西、北の３校舎があり、全職員が顔を合わせるのは職員会議のときぐらいで分校で言われたことの意味が分かった。ベビーブームが始まり４年後にマンモス校は３校に分離した。職員はそれぞれ新設校に配置換えとなり、旧制佐賀中学校の歴史を継ぐ県立佐賀西高等学校に12年間勤務した。「教師は授業で勝負」という先輩の励ましでいろいろ工夫して授業に臨んだが、教える中で学ぶことが多く、生徒にも育てられて一人前の教師になることができた。その頃から受験地獄が社会問題になり始め、学校ではいわゆる詰め込みの受験教育が強化された。その一方で教育の現代化が叫ばれた時代で、県教育委員会から学校テレビ放送を利用しての授業改善の研究委嘱を受けて研究授業を公開した。生物部を指導した７年間の研究が読売科学賞の学校賞を受賞、県教育委員会表彰も受けた。担任、授業そして部活動の指導と忙しかったが楽しく充実した日々であった。ところが段々と校務分掌（教務）の仕事が忙しくなった。学習指導要領改訂でロングホームルーム、クラブ活動が必

修となっての準備があった。校舎の全面改築時にはその担当を命じられて県教育委員会、県建築課、建築設計事務所らとの協議に当たった。この任務は多忙を極めたが後に新設校の学校づくりに大いに役立つことになった。最後の年に教務主任を務めた。アポロ12号が月面着陸した年に一度だけ3年生を担任した。このクラスには卒業以来ずっと折節に呼ばれ、いつの間にかそれぞれが卒寿と古希を数える齢になった。

　県教育委員会学校教育課へ異動、指導主事となり主として入学者選抜を担当、ほかに理科教育と視聴覚教育を担当した。慣れないデスクワークが大変ですぐにでも学校に戻りたいと思ったが、大きな仕事ができた。毎年の高校入試の実施、県学力向上対策事業、教育機器の整備事業、理科教育現代化講座など教科指導の研修に当たり、7年間勤務して最後の年に高校教育係長を命じられた。

　県立武雄青陵高等学校が開校し教頭として転出した。伝統校を分離しての新設で課題があったが、学習指導並びに生徒指導両面の教育実践が各方面の注目を集めた。また呼応してのPTAの協力が凄かった。開校2年目にセミナーハウスが建設されて勉強合宿など諸合宿に活用された。

　2年後に県立佐賀西高等学校に異動したが、教頭の仕事は言わば形も大きさも違う石を積む仕事に似ていて、経験も考えも違う先生たちをまとめていかねばならない。出会いを生かして愚直に上昇志向で当たった。

　54歳で県教育委員会企画参事となり、新たな県立学校の開校準備を命じられた。新設校には理数科と普通科英語コースが設けられ、学力向上の牽引車的役割が期待されていて責任の重さにたじろいだ。翌年、県立学校開校準備室長を拝命、本格的な準備に入った。県教育委員会の周到な準備と関係者の協力により緑豊かで端正な校舎が完成、県立致遠館高等学校が開校した。全職員に「師弟同行して風格のある学校、本校でしかできない教育」を目指したいと語り、その上で「生徒が行ってよかった、親がやってよかった、先生方が勤めてよかった学校にしよう」と呼びかけた。組織にとって大事な要件は「Common, Commune, Communicate」（マンフォード）の3Cだと信じて、全職員と文字通り一丸となり熱誠を込めた。全職

員に感謝しきれないほど尽力してもらった。さらに保護者の協力や生徒たちの頑張りがあり、多くの支援を得て一意専心に学校づくりを進めることができた。

2　退職後のこと

　1年ほど県高校PTA連合会と県高校校長協会の事務局長を務めたが、仏縁を得て明治11年創立の仏教宗門立高等学校の校長に招かれ6年勤務した。2年目に中学校を開校、野球部が第77回全国高校野球選手権大会に出場した。また、佐賀県内水面漁場管理委員会委員を5期（20年、うち4期は会長）委嘱されて、河川での漁業振興に努めた。

　所帯を持った翌年に県営分譲住宅を購入した。余暇を利用して土作りから始めて草花を植え、害虫にやられたがブドウやモモなど果樹も育てた。今は生き残ったウメやミカンが老木然としている。大事にしていた肥後ハナショウブは日当たりが悪くなり、また退職後を楽しみにしていた中国春蘭も台風の塩害で駄目にしてしまったが、植物を育てるのは楽しい。手をかけただけ豊かな花を咲かせてくれる。また種子から育てるのも楽しい。街路樹のアメリカハナミズキの種子を拾って蒔いたのが、見上げるほどの高さになって春には枝いっぱいに白い花を咲かせてくれる。

　公立を退職するころに学校にパソコンが入った。勝手に無縁のものと思っていたが、教え子たちにメル友に誘われて七十の手習いを始めた。教室の講師に覚えが早いとおだてられ、ノートパソコンを買い求めて習得に努めた。目から鱗が落ちると言うが、これほど便利なものはないことを実感した。仕事に、物書きに、趣味に、今では手放せないものになった。

　50年ほど前、印判店のショーケースで恭賀新年と彫った印を見た。風雅で品格のある篆書体の印に魅せられ、非売品であったが譲ってもらった。それから自分でもまねて印を彫り年賀状に押していたが、先々には篆刻を習いたいと思っていたので、定年になってNHK通信講座「篆刻」を受講、続けて同講座の「古典呉昌碩」を受講した。しかし私立学校に勤務することになり、本格的に取り組んだ時は67歳になっていた。初め地元のN文化

サークルで8年篆書と篆刻を習っていたが、期するところがあって北九州在住の日展会員主宰の篆刻教室に入って10年指導を受けた。公募展にも毎年作品を出した。篆刻は「方寸の美」とよばれて掌中に収まる石材に文字を彫るという芸術である。まず語句を選び、朱文（文字が朱色）にするか白文（文字を白抜き）にするかを決め、文字を篆書体に直しておく。篆刻にはいろいろな表現形式があり、篆刻字典や名人の刻印などを参考にして印稿を作る。語句の味わいと書体の妙味を一体化させる印稿作りは篆刻でいちばん楽しい作業である。篆刻は簡単に始められる芸術だがたいへん奥が深く上達せずに切歯扼腕するばかりであるが、古来篆刻は書家だけでなく文人に好まれた。自分の姓名印や蔵書印を彫る。また好きな言葉などの成語印そして年賀状に押す印を彫るなどの楽しみ方がある。

　20代最後の年に校内の謡曲同好会に誘われた。学生時代に能楽を観て、いつか謡曲を習ってみたいと思っていたので思い切って入会した。師匠は校医先生で観世流の入門曲「鶴亀」から稽古が始まった。稽古は口伝で師匠の謡いを鸚鵡返しにまねて謡い、回を重ねるうちに謡曲らしくなってきて稽古に励んだが同好会は5年ほどで解散した。このまま謡曲をやめたくなかったので観世流師範の教室に参加した。ところがやみくもに声を大きく出そうとして声帯を痛めてしまい、医師から職業柄声帯を酷使しない方がよいと注意されて謡曲教室を3年ほどでやめた。その後は祝賀会での祝謡を頼まれたり、気が向いたときだけ小謡程度を謡っていた。それから半世紀、捨てずにいた謡曲本を見つけて再び習いたいと思った。幸いにも地元のS文化センターでプロの観世流シテ方能楽師が教えておられることを知っていたので受講を決めた。最初に符号に従って几帳面に謡うこと、言葉は一字一字を丁寧に謡うよう徹底して指導された。謡曲には独特の節回しがあり、稽古を重ねて会得するものと思っていたことが、実は初めに身に付けておくべき基礎基本であることを知らされた。謡曲も本さえあれば簡単にできる芸能で、背筋を伸ばして腹の底から息を出しながら言葉を乗せて謡う。声量は衰えて声質も悪いが年齢と関係なく、腹式呼吸が何より体によい。美しい詞章を気持ちよく謡って老いを忘れたいと思っている。

多くの先生方との出会いを生かして

元沖縄県立首里高等学校校長　**前城盛善**

1　本土復帰がもたらした出会いと気づき

　1972年、沖縄はそれまでの米国施政権下から、晴れて本土復帰を果たすこととなった。それを機に沖縄の教育も当時の文部省に組み込まれ、多くの教師が本土の研修や研究会に出向くようになった。かく言う私もその機会に恵まれた一人として、本土で活躍する多くの先生方と交流させていただくこととなり、中でも現在に至るまで私が師と仰ぐ宇田津一郎先生との出会いはまさに幸甚の極みであった。

　しかし、その一方では、多面にわたり本土との格差を目の当たりにするばかりで、単に付焼刃的な、あるいは一朝一夕にはとうてい追いつけない歴史の違いやブランクを痛感するばかりでもあった。

　そのような劣等感に苛まれる中、私の居住地であり勤務校のある首里の街を散策すると、先の大戦で焼失した文化財の遺構や再建されたばかりの守礼門を眺めることができた。何よりも、かつてこの地にあった師範学校や第一中学校の出身者らの思いに触れる機会からは、そこには、まさに沖縄の教育の原点とも言える歴史や文化、そして、その気風が未だ十分に生きていることに気づかされた。これを機に私はこの地を新たな出発点と捉え、本土に学ぶ多くの知識や技術を生かして、あらためて本土復帰後の沖縄県の教育に尽力することを誓うこととなった。

　以来、私は沖縄の教育史を振り返り学ぶことを「温故」とし、本土の先生方との出会いを通して学ぶことを「知新」として捉え、常に「温故知新」の精神で教職に臨み、微力ながらも戦後の沖縄教育に尽力することを心掛けてきた。

2 最後の赴任校 首里高校と一中健児に思うこと

沖縄県立首里高等学校は、琉球王朝第二尚
氏第15代王の「尚温」が唱えた「**海邦養秀**」
の精神の下に創建された教育機関「国学」に
由来する。「国学」では人格の形成や学問の習得を教育の基礎とし、友の
長所に学び常に慢心を自戒すべきことを「学ぶ者の心得」として教示され
ていた。その後「国学」は廃藩置県後の1880年に旧制首里中学校に改めら
れ、また1911年には沖縄県立第一中学校として改称されている。戦後は県
立首里高等学校として改編され、その歴史と伝統は今年140周年を迎えた
現在に引き継がれている。

同校は、西に東シナ海に浮かぶ慶良間諸島を望みながらも、眼下には那
覇市街を眺めることができる。また東には歴代王の陵墓「玉陵」や「守礼
門」「首里城」等が間近にあり、気軽に城内や城下を散策することもでき
る。その恵まれた自然と文化環境からは王府の教育機関として誕生以来、
多くの人材が輩出され、沖縄はもとより我が国の発展に寄与する多くの人
材が政治や経済・教育を始め様々な分野で活躍している。

また、尚温王が願い掲げた「**海邦養秀**」の言葉に因むように、同校を巣
立った若者らの中には海外で活躍する者も多く、私の在任時代にはそのよ
うな卒業生を積極的に招聘し講演を依頼することで、後輩となる生徒らの
夢を育むとともに意欲の喚起に多大なご尽力を賜った。中でも戦後9期生
となる米・ピッツバーグ大学の研究者で、ノーベル賞候補にも名を連ねた
真栄城朝敏教授の講演は「21世紀への展望―アメリカから世界を見る」の
演題のもと、後輩となる生徒達への多くの示
唆とともに、同氏からも後輩への願いや思い
も託された。

真栄城教授のメッセージに感銘を受けた多
くの生徒達は、それを機に一層学びを深め、
彼らがついに学び舎を巣立つ際のその凛とし

た姿には、まさに力強さと頼もしさを感じるばかりであった。

　思えば、先の大戦では、首里高校の前身となる県立第一中学校でも未だ15歳にも満たない多くの生徒らが、鉄血勤皇隊や通信隊学徒兵として動員され200名以上の尊い命が戦火に散ることとなった。

　誇り高く伝統ある第一中学校に学び、いずれは沖縄を始め祖国を支える人材になることを夢見、大きな志を抱いた彼らの無念や、戦争に突き進む世相に抗えるわけなく教え子を戦地へと送りだすしかない教師らの無念を思うと、自らも戦争体験者である学校長としては痛恨の極みであった。

　先述の「先輩から学ぶ」ことを鑑みれば、学業半ばに散った生徒を始め教師らもまた貴重で大切な先輩方に変わりはない。そのため、彼らを祀った「一中健児の塔」（慰霊塔）における年に一度の慰霊祭では、生徒主体の清掃活動や企画運営を学校長としても積極的に支援・賞賛するとともに、戦死した先輩方の無念の思いに寄り添い、あらためて自由に学べることの価値と平和の尊さに気付いてくれることを切に願うばかりであった。更には、生徒と職員が一丸となって次世代へとバトンを繋ぎつづけ、それらが連綿と永遠に伝わるよう、常にエールとさせてもらった。

3　復帰後の教育改革とその未来に生きる

　先述のように、先の大戦で焦土と化した沖縄では、教育界でも指南役となるベテラン教師を多く失い、戦後の教育界は未だ迷走するばかりであった。それはまさに後の沖縄の教育が他県に比べて大きく後れを取る一因でもあり、その改善策の構築が急務となっていた。

　そのような背景のもと、本土復帰以降は、本土との教育交流が盛んに行われるようになり、本土の先生方を積極的に沖縄に招聘し校長会や教職員を始めPTAや地域の研修会等でも講演を依頼することが増えた。講演の中では、時に身の引き締まる思いに駆られる内容もあったものの、それはまさにその後の沖縄を牽引する我々への叱咤激励と言え、復帰後の沖縄教育界にとっては貴重な一石を投じていただけた講演ばかりであった。中でも、宮崎西高校の宇田津一郎先生の講演に学んだ教職員やPTAの中には、

直接、宮崎西高校への研修や視察に出向いた
り、先生を招聘しての教育講演や研修会を
行ったりする事例も少なくなかった。

　以降、沖縄県では特に本土の国公立大への
合格率や大学進学率が着実に向上していった。
それはまさに、当時の沖縄の厳しい現実を憂
い、心を寄せて下さった本土の先生方の熱意が、沖縄県の教職員や保護者
を始め、何より生徒らの意識にも大きな自信と意欲を与えてくださった瞬
間であり、戦後の沖縄に新たな道標が立てられたパラダイムシフトでも
あった。

　かつて、琉球王府時代の国学に始まった琉球とその後の沖縄県の教育は、
沖縄戦という極めて悲惨な時代を経ながらも、年を追う毎に着実に進展し、
今後も更なる期待ができる時代となった。思えば、その過程には今からお
よそ50年前に、当時の沖縄を憂い思う本土の教師らが沖縄に降り立ち、そ
の豊富な実績と実践経験を基に沖縄の教育の進展に心血を注ぎ多大な貢献
を果たして下さった事実があることは忘れてはならない史実である。当時
の先生方のご厚情とご厚意に、ここにあらためて深く感謝を申し上げたい。

　さて、人生100歳時代と言われる今、先の大戦と二度の大病を懸命に生
き抜いて来た人生と、趣味で培った写真の技
術が、今の私のささやかな矜持である。

　今後はそれらを生かして、まさに VUCA
（不確定）の時代に生きる若人らに、時には
元気や勇気を、時には安心感や安らぎを、そ
して時には、常に逞しく「生き抜く力」のヒ
ントやエールが与えられる人生の先駆者でありたい。

　更には、喜びも悲しみも、失敗も成功も、後悔や反省、何より感謝も、
それらのすべてを背負いながらも、元気に楽しく一歩一歩余生の道を歩み
続けるその姿が、後に続く者の道標の一つになれば幸いである。

人との関わりを大切に
—部活動を通しての人間形成—

元北海道旭川南高等学校校長　**前田　豊**

はじめに

　道立高等学校教諭 2 校24年、教頭 3 校 7 年、校長 3 校 7 年で定年退職を迎え、その後は学校法人国際学園星槎国際高等学校に勤務して 6 年目（副校長 1 年、校長 5 年）を迎えている。振り返ってみると、浅学菲才の身でありながら野球部の顧問として、生徒、保護者、同窓会、高野連、地域の関係者等、多くの方々との出会いや関わりの中で成長させていただき、現在も管理職を継続している原動力となっている。

1　教諭時代（昭和53年 4 月〜平成14年 3 月）

（1）部活動（野球部）を通しての人間性豊かな生徒の育成

　遠軽高校で 5 年（コーチ 1 年、監督 4 年）、旭川東高校で18年（コーチ 2 年、監督16年）顧問を務め、学生野球憲章の精神に基づき、目標は甲子園出場であっても目的は人間形成（人間性豊かな生徒の育成）であることを肝に銘じ、教育活動の一環として文武両道を目指していた。文武両道は遠軽高校の校訓であり、人間性豊かな生徒の育成は、旭川東高校の学校教育目標（重点目標）で、次のとおりである。

　　ア 高い知性の啓発（知）　　　イ 強い意志と体力の養成（心・体）
　　ウ 洗練された品性の陶冶（徳）エ 進路に応じた学力の向上（進路実現）
　　知・徳・体のバランスのとれた生徒の育成を目指して、社会（大学）に送り出すことを活動方針とし、この方針を踏まえて旭川東高校においては次の 4 つの遵守事項を作成し徹底していた。

　　①野球部員である前に旭川東高校の生徒であること　②授業を大切に！授業で集中力をつけること　③規則正しい生活を送ること（食生活を含む）　④グラウンド上では、 3 歩以上は駆け足、10歩以上は全力疾走

　野球の技術指導以上に礼儀作法、日常の学習指導、生活指導、進路指導、心の教育に力を入れ、奉仕活動にも積極的に取り組んでいた。特に、道内有数の進学校であり、進路実現には注力した。また、生徒の活動に不可欠なのは保護者の理解であり、両校において父母の会（保護者会）を設立し、活動方針を理解していただき良好な関係を構築した。当時の父母の会会長は、後述する宮崎遠征実現の功労者であり、現在も公私にわたってお付き合いいただいている。

（2）旭川東高校野球部宮崎遠征の実現

　平成2年以降、宮崎西高等学校北海道スキー修学旅行のお手伝いを引き受け、このご縁により平成10年から旭川東高校野球部宮崎遠征がスタートし、20年以上継続している。この実現は、宇田津先生、綾町長、宮崎西・旭川東野球部父母の会、宮崎県高野連の方々をはじめとする関係各位のお力添えの賜物であり、現在も深く感謝している。何より、ゴーサインを出していただいた当時の校長の懐の深さと決断力に感服している。

　この遠征の特色の一つは、ホームステイを2泊実施したことである。南と北の生徒間の交流を深めて異文化を肌で感じ取り、多くの人との関わりのなかで気づきや学ぶことが多く人間形成に大きな影響を与えていると確信している。

（3）北海道高等学校野球連盟審判員・役員としての業務

　平成元年から10年間道高野連審判部幹事（総務副委員長5年、研修副委員長5年）を務め、平成9年第69回選抜高校野球大会に審判委員として派遣された（北海道から5人目、北北海道から初の甲子園派遣）。中沢佐伯野球記念会館での団体生活、外部との接触・飲酒の禁止など貴重な経験をさせていただいた。華やかな大会を陰で支えるスタッフの献身的な動きを直視することができ、さらには阪神淡路大震災から2年が経過していたが被災の爪痕は残り、付近のパトロールの実施など社会貢献の面でも多くのことを学ばせてもらった。平成11年から3年間は道高野連副理事長を務め北北海道大会運営の責任者となり、高校野球界全体を俯瞰する目が養われたと感じている。また平成13年は日本高野連評議員を務めた。

道内には高野連関係者で管理職になった教員は多く、現在も連絡を取り合い心強い存在となっている。

（4）OB会の設立

保護者会と同様に重要な支援組織となるのがOB会である。遠軽、旭川東両校は旧制中学校からスタートした伝統校である。当時、両校ともに正式なOB会は無く、発足に向けてOB名簿の整理などに努めた。遠軽高校については、設立に向けての道筋をつけ旭川東高校に異動した。旭川東高校は日本プロ野球初の300勝投手であるスタルヒンの母校であり、OB会の設立は同窓生の悲願となっていた。各期の主将を中心に準備を進め、平成14年に旭東野球倶楽部という名称で発足し現在に至っている。

様々な分野で活躍している教え子は「出藍の誉れ」である。教え子から学ぶことが多く懇親会等で語らうのが大きな楽しみになっている。現在、4名の教え子が高野連旭川支部の中心的な指導者として活躍している。

（5）その他

教育活動の根幹は授業であり、「授業で勝負」を目指していた。また、HR担任は教員としての醍醐味であり遠軽高校では2回、旭川東高校では4回卒業生を送り出し、その後は分掌部長を5年務め管理職への道を歩むことになった。部活動指導以外の業務に誠心誠意取り組むことが教職員をはじめ関係各位から信頼され、応援していただける絶対条件である。なお、教員1年目は門外漢の剣道部の顧問となり、北見地区の当番校業務にあたった。防具を購入し生徒に教えてもらいながら一緒に汗を流した甲斐があったのか、男女揃って高体連北海道大会に出場することができた。生徒から「間の大切さ」を学び野球の指導に活かすことができた。また、生徒に鍛えられ、そのおかげで初段を取得することができ有意義な1年間となった。

2　教頭時代（平成14年4月〜平成21年3月）

5人の校長に仕え、大切にしてきたことは、次の3点である。一つ目は、「校長を助け、校長の盾になる」ことである。校長に責任を取らせる前に

問題を解決し、様々な苦情に対しては、体を張って対応する気構えでいた。二つ目は、「提言する姿勢で活きた情報を提供すること」である。校長が正しい判断ができるように、情報収集のアンテナを張り巡らせていた。三つ目は、「組織として機能する学校経営を目指す」ことである。教職員一人ひとりの持ち味を生かし、組織化を進めるために面談を精力的に行い信頼関係を深めた。

3　校長時代（平成21年4月～平成28年3月）

　関係各位に支えられて校長の職務を遂行できていることに感謝し、学校経営にあたった。強調したのは、「職務は厳しく、人間関係は温かくをモットーにお互い切磋琢磨してより善い学校づくりに努めよう。そのためには報告・連絡・相談の徹底及び情報の共有に努めること」である。そして、ウィリアム・アーサー・ウォードの「平凡な教師は言って聞かせる。良い教師は説明する。優秀な教師はやって見せる。しかし最高の教師は子どもの心に火をつける」、山本五十六の「やってみせ　言って聞かせてさせてみせ　褒めてやらねばひとは動かじ、話し合い　耳を傾け承認し　任せてやらねば人は育たず　やっている姿を感謝で見守って　信頼せねば人は実らず」の言葉を自戒を込めて紹介している。

　日常的には、教職員への声掛けを励行し、面談を定期的に行うとともに、3年生全員との面談を行った。教職員や生徒から気づかされたことは宝であり、教職を続けられる大きな力になっている。「我以外皆我師」である。

おわりに

　ご縁があって現在広域通信制高等学校に勤務している。公立と私学の違い、全日制と通信制の違いなど戸惑うことも多いが、「すべては生徒のために」を心に秘め職務を遂行している。

　人生100年時代の教師に不可欠なのは、心身の健康である。人との関わりや社会との繋がりのなかで、気力・体力・知力が継続できるかが鍵であると実感している。

出会いと学びに感謝

元鹿児島県立南薩少年自然の家研修主事　**佃 省三**

　「若さと元気だけが取り柄の佃です」。昭和56年4月、保健体育の講師として採用された商業高校での挨拶である。当時、国体開催後で高校保健体育の採用がなく、講師の傍ら小学校の教員免許を取得するため、通信教育のレポートとピアノの練習に格闘した過去が懐かしく思い出される。

　昭和60年4月から小学校教諭として採用していただいたが、初年度は3年生、以降は6年生を担任し、学習活動や生活全般の基礎・基本の指導に明け暮れた。毎日の漢字帳や日記帳などの宿題を始め、家庭への通信や授業参観、さらには全教科担任制のために多岐にわたる教材研究など多忙な3年間だった。児童は個人差が大きく、わかりやすく話す言葉には特に苦労した。またPTA活動も盛んで、地域行事や人々との交流は教師として大きな学びとなるよい機会となった。次年度県全体の辞令交付式の席上で、体験発表する機会を得たのもよい思い出となっている。

　次に校種間交流で中学校に異動する機会を得た。5年間の勤務だったが、折しも全国的に校内暴力の多発していた時代で、赴任先も例外に漏れず、県下に名だたる荒れた学校だった。担任業務に加え、野球部の顧問と生徒指導主任を拝命したが、生徒に自覚と責任を植え付けようと、まずは情操教育に力を注いだ。一人一鉢運動で花を育てたりSHRで学級に歌声を響かせたり次第に学校全体へと広げていった。次に基本的生活習慣の定着を育むべく「集団行動」の基本的行動様式の徹底を図り、さらには心身の鍛練を目的として「体力作りサーキットコース」の活用等、全職員で共通実践し継続的に取り組んだ。そうした中、次第に生徒自身に自覚と責任が芽生え、生徒指導上の問題行動や遅刻等も激減し、校内の美化清掃にも格段の発展が見られた。生徒はできないのではなくやり方を知らなかったのである。生徒の頑張りを横目に見ながら、自らもカウンセリングの技法や生

徒指導のノウハウを学ぶべく、教育機関や大学の心理学の先生の門を叩き
研修に励んだ。「厳しさの中に優しさ」の指導の下で変容を遂げた学校に
は、その後県内外から教育関係者やPTA団体の視察が増加した。本県教
育長自らも直々に学校を訪問され、生徒・職員に激励のメッセージを贈ら
れたのは、異例の出来事として当時私の心に深く刻まれた。その後、新た
に「集団行動」基本的行動様式の指導用ビデオが、この中学校をモデルと
して編集され、教育委員会を始め県下全域の学校に配布された。また、5
年間指導した野球部も徐々に力をつけ、地区大会1回戦ボーイだったチー
ムが5年後には県を代表して九州大会に出場するまでに成長してくれた。
生徒の頑張りと保護者の支援・協力で成し得た偉業であった。

　念願の高校体育教師として、地方の工業高校（5つの学科を有する大規
模校）にやっと赴任できたのは34歳の時で、「念ずれば花開く」の万感の
思いだった。担任業務に加え、野球部の顧問、生徒指導主任を拝命したが、
過去の義務教育8年間の経験が非常に役に立った。工業高校ならではの専
門性と各科の独自性のために、教職員同士の共通理解・共通実践に温度差
を感じる場面にも遭遇したが、校長先生の指導の下、与えられた職責を全
うするため、自らが率先して行動を起こし実践していった。生徒指導は継
続しながらも、卒業後は即社会人となる生徒の将来を見通して、「礼を正
し、場を清め、時を守る」の理念の下、「凡事徹底」できるように全職員
で業務を推進した。生徒指導上の問題行動もこれまでの義務制とは異なり、
飲酒、喫煙、万引き、いじめ、交通違反等、多岐にわたる違反事例を目の
当たりにしたが、どの場面でもこれまで同様生徒に寄り添い、「心に響
く・心に届く」生徒指導を展開した。その結果、子どもたちに自覚と責任
が芽生えてきたことから生徒は自らの力で動き出すようになった。いつの
時代もどの校種でも同様であると考えている。土曜・日曜の多くは遠征試
合のために妻が家庭を献身的に守ってくれ、高校野球の指導に没頭した6
年間だった。

　次に、思わぬ形で国立体育大学に出向（長期研修）を命ぜられ、国内最
先端設備の整う大学キャンパスで研修をする機会を得た。国内外トップア

スリートとの交流を始め、様々な研究や学生との対話は充実した1年間となった。「野球選手におけるスポーツビジョン」の研究に取り組み、そのまとめが研究論文として学会誌に掲載されたことはありがたかった。

　その後、離島勤務を4年間経験した。赴任した高校の生徒たちは純朴ではあったがのんびりし、刺激が少なく競争意識に乏しかった。生徒の動向をじっくり観察していると、生徒はできないのではなくやっていないのだった。幸い小規模校だったために、個々に対峙する時間を十分にとることができた。学習や部活動においても関わりを持てば持つほど生徒の成長ぶりに手応えを感じた。離島の悲哀である情報不足や経験不足を補うために管理職とも相談し、教職員とも連携を図りつつ本物を体験させようと、これまで培った知識、経験、人脈を駆使して頻繁に全国レベルの本物に触れさせた。生徒は乾いたスポンジの如く素晴らしい吸収力で、進路や部活動など優れた成績を残してくれた。加えて地域からの信頼も次第に増して、自信に満ちあふれた学校へと変容していった。

　離島勤務の後は、鹿児島市内普通科進学校への異動だった。進学校とはいえ創立当時の勢いは影を潜めつつあり、生徒の雰囲気ものんびり感の漂う学校に思えた。ここでも生徒指導を担当したが、学習指導と生徒指導は二而一如として職員全体のベクトルを同じ方向に向けるべく、保護者と生徒を巻き込んで職務を遂行した。学校活性化のためにいろいろな仕掛けを講じたが、特に記憶に残っているのが宇田津一郎先生をお招きしての「進路講演会」だった。夏の暑い時期に、スーツをビシッと着こなした宇田津先生のお話を、全校生徒・保護者・教職員1500名余りの聴衆が、物音一つ立てずに聞いていた。まさしく心を揺さぶる「感動の講演会」だった。先生には以来、幸運にも節目ごとに激励をいただき、現在まで出会いは継続している。

　その後、県高野連理事長として事務局の設置校である別の高校に勤務した。学校業務の傍ら、年間を通して高野連行事の運営に携わったが、加盟校はもとより各種の関係機関等、多くの人々との交流を深め良い学びとなった。理事長就任以来、野球部の活動を通した「努力」と「成果」を念

頭に掲げ、県の高校野球発展につなげるために会長の意向を踏まえながら仕掛けを講じた。県大会における生徒を前面にした式典進行を始め、春・夏の甲子園大会でも本県の生徒を担当させるなど、士気高揚の施策を講じた。さらに、九州地区理事長・全国理事にも就任した。幸い在任8年間のうち本県チーム7度の選抜大会出場を始め、21世紀枠離島校甲子園出場、神宮大会（秋の全国大会）準優勝、九州大会優勝4回、準優勝1回、国体軟式優勝などの成績を収め、県全体の士気高揚の評価を得た。

　理事長就任8年目に根も葉もないトラブルに巻き込まれ、某週刊誌に事実と異なるねつ造記事が掲載されたために全役職を自ら辞した（納得のいかない記事に5年間の法廷闘争の結果、根拠のない記事だったと全国誌に謝罪広告が出され解決を得た）。私の苦難のとき、多くの方々からの声援や応援は、感謝の気持ちとして今でも深く私の心に刻まれている。

　退職して3年目ではあるが、現在再任用教員として定時制高校に勤め、新たな出会いと学びの日々を過ごしている。40年の教員生活を振り返ると多くの苦労や喜びがあったが、そこには必ず人との出会いがあり、幅広い観点から多くの学びを得ることができた。通算6年間の単身赴任生活も同様、妻や家族にはずいぶんと苦労をかけた。これまで各方面からいただいた多くの方々からの激励の言葉は、あらゆる場面で苦労を吹き飛ばすエネルギーの源となった。多くの出会いと学びに感謝感謝である。

　今後どのような人生を送るか今のところはっきり見通せないが、これまで同様「感謝の心」と「謙虚な姿勢」を胸に刻み、今までお世話になった社会への恩返しとして、地域貢献・社会貢献に微力ながらも努めていきたい。人生100年時代を迎え、この書を通して出会った方々とも交流をいただき、今後の人生を、健康でより豊かなものになればと願っている。

心に残る言葉
―生涯現役を目指して―

　その日は天候に恵まれ、眩しいほどの光が降り注ぐ３階の会議室で、職員会議をしていた時のことです。「東北地方で津波が発生したようだ」との話が密かに聞こえてきました。気になりながら、職員会議を終えるとすぐに、３階の会議室から１階の校長室へと急ぎました。校長室のテレビで放映される映像は、想像を絶する信じられない光景であり、今でも忘れることはできません。津波によって流されていく船や車や樹木、それに家屋等、何もかもが、今まで普段の生活とともにあったものばかりであったために、すぐに、悲しい現実に引き戻されました。

　そこから遡ること37年、教職の道を選択して、定年退職を迎えるまでに出会った先生方からいただいた言葉の中から「心に残る」言葉を紹介したいと思います。

　教職を自分の一生の仕事として選択した最初の年に、長崎県立中五島高等学校若松校舎に赴任し、松野吉太郎先生に出会いました。先生は、中五島高校の自然と海に囲まれた環境や素朴で真面目な生徒像を熱く語る一方、校長としての威厳や人を包み込む優しさに、私はただ驚くばかりでした。背が高く体格のよい校長先生でしたが、周囲のすべてを包み込むように「人に対しては、大きな心を持って人に接することです。何か事をなす時は、何事も前向きにとらえて行動に移すことです」といつも話していただいたおかげで、尊厳と自信に溢れる教職の道を選択したことへの後悔は、全くありませんでした。

　平成８年から県中央部大村市にある県教育センターで教科班の英語科指導主事・主任指導主事として８年間の勤務を拝命いたしました。この県教

育センター時代には、小島幸雄校長先生との出会いがありました。当時課長席の小島先生に書類を持参した時、私が自席に着かないうちに私の名前が呼ばれました。先生は、まず、書類を返却される前に私が押した印鑑について、このように問いかけられました。「この印鑑をどのような気持ちで押しましたか?」。返答に戸惑う私に先生はこのように話されました。「印鑑は、人を表し、印鑑の重みは、その人の重みと同じで、印鑑を押した人の責任を表すものです。その責任の重さを考えた上で、この書類に印鑑を押すことが大切です」と暖かくも鋭い眼差しで私を見ながら話してくださいました。それ以来、私が赴任する先々で、職務を全うする際の確認事項として、この「印鑑の重み」という言葉を常に思い出しながら仕事に専念することになりました。

　8年間の教育センター勤務後は、長崎県立佐世保中央高等学校（昼間部）教頭職を拝命しました。その当時、佐世保中央高等学校については、今まで勤務してきた昼間に学ぶ生徒達ではなく、夜間に学ぶ生徒達のためにある高等学校とばかり思っていました。しかし、佐世保中央高等学校は、3課程があり、当然ながら校長先生1人、教頭先生3人、朝の打ち合わせは昼間部と通信制、職員会議は、昼間部、通信制、夜間部の3課程合同で開催されること等、全く経験したことのない高等学校でした。昼間部のカリキュラムや生徒情報等を始めとして、見るもの聞くものすべてが新しいことづくめで、今まで私が経験してきた高等学校の概念や生徒像に新しい知識として加わることとなりました。

　当時の百田宏昭校長先生から、「生徒指導で優しく指導する先生と厳しく指導する先生がいます。あなたは、これまでどちらの指導を行ってきましたか?」という質問に、私は、ここぞとばかり「生徒のためを考えて、優しく指導してきました」と答えました。校長先生は、「優しさの裏側には、冷たさがあります。厳しさの裏側には、温かさがあります。優しく生徒に指導することは、生徒に対して、無責任に指導することでもあり、厳しく指導することは、生徒に対して、責任を持って指導することです」と

話されました。この言葉を先生からいただいたことにより、生徒側に立ったつもりでいたこれまでの指導方法を反省することとなり、まさにこの時が、それからの指導方法の大きなターニングポイントとなりました。

　最後は、長崎県立佐世保東翔高等学校で4年間の勤務を拝命しました。赴任する総合学科は、全く初めてであり、再度、スタートに戻った気持ちになりました。総合学科を1本のレールに例えると「最終ゴールまで乗り降りすることなく進んでいくのが普通科であり、自分の意思を持って、各駅で乗り降りをくり返しながら、最終ゴールに到達するのが総合学科である」との例えは、当時の私にとって非常に分かりやすいものでした。総合学科における「選択」の重要性について生徒が書いた「選択と責任」を記しておきます。

　「選択することは、数多くの中から一つを選ぶことです。自分の意思で、一つを選ぶと他の選ばれなかったものを捨てることになります。そのために、一つを選択をした自分には責任があります。自らが選択した一つの選択肢だけではなく、選択しなかった選択肢のためにも、自らが選択した一つの選択肢に最後まで責任を果たすために努力します」という、「選択と責任」についてしっかり書かれていました。この時以来、私が、何かを選択しなければならない時や人に選択のアドバイスが必要な時には、この言葉が自然と蘇ってきます。

　さて、退職後の人生設計は、退職するその年になっても、考えることはありませんでした。退職後は、人並みに庭の手入れや花卉の栽培に時間を費やすぐらいの漠然とした考えしかなく、今振り返ってみると、第二の就職先を探す気などは全く考えたことはありませんでした。

　折しも、退職する3か月前頃、大学から英語の非常勤講師の話と同時に私立高等学校から仕事の依頼がありました。選択に迷っていた矢先に、宇田津一郎先生から電話をいただきました。

　「これからの時代は、生涯現役の時代がやってきます。また、これまで

以上に、世界のグローバル化が進み、コミュニケーションツールとして英語の必要性が高まります。その時代の到来を生きるあなたには英語があります。そのためには、これからどこに身を置き、そこで何をすべきかをよく考えて、進路選択をして下さい」という内容の電話でした。

　先生からこの言葉をいただいたことで、私は、定年後の進路決定をすることができ、今でも大学で英語の非常勤講師として教鞭をとっています。今年は、コロナ禍の影響を受けて、授業は前期・後期とオンライン授業となり、授業を録画して、YouTube を利用する等、最先端の授業が実施できることも、あの時、宇田津先生からいただいた言葉のおかげであると感謝の念に堪えません。現下では対面授業ができないのは残念ですが、課題レポートや自由英作文を課して、学生たちとオンラインで意見を交換する毎日を送っています。

　現在は、1週間のうち午前中は大学勤務、午後は、企業に勤務して、外国人技能実習生に関わる仕事を行っています。受け入れから企業に配置後、仕事や生活の世話に至るまで、自国に日本の技術を持って帰る目的で働く外国人実習生に関わっています。彼らの話す言語と悪戦苦闘しながらも、これまで培った英語力を駆使して、少しでも国際社会に貢献できたらとの思いで、日々努力しています。

　東日本大震災から10年目を迎えた今、震災後の現地や人々の暮らしに関するニュースを見たり聞いたりするたびに、定年直前の3月11日の職員会議と校長室で体験した出来事が鮮やかに蘇ってきます。一日も早い被災地の皆様の完全復活を期待してやみません。

　多様な職業の中から、自分の意志で教育職を選択して、新任英語教諭として赴任して以来37年間、最後は、校長として定年退職を迎えました。これからも毎年3月11日が来るたびに、定年退職の年から遡り、過ぎ去った日々と出会いがあった人達のことを思い出すに違いありません。

　今後も「心に残る言葉」を大切にしながら、「生涯現役」を目標に進んでいきます。（感謝）

教職人生を振り返って
―出会いに感謝―

元熊本県立熊本商業高等学校校長　**宮崎 功**

　教員生活を振り返ると、若い頃の失敗の経験ばかりが思い当たり、汗顔の思いがほとんどである。これからの先生方のためになるような話はあまりないが、少しでも参考になることがあればと思って、恥を忍んで書いてみたい。

　若い頃は自分のやるべきことに全力を傾けていたつもりで、それで良かったが、年齢とともに自分のやるべき仕事も広がり、自分だけのことを考えるだけでは済まなくなってきた。若手教員時代はそれで良かったろうが、後輩も増えてきたし、そろそろ周囲を見渡して教職員の組織構成として、自ずと中堅の立場を意識していかなければならなくなってきた。

　教職人生のVSOP論というものを聞いたことがある。20代はVのヴァイタリティーで頑張る。30代はSのスペシャリティーを磨く。40代はOのオリジナリティーを出していき、50代はPのパーソナリティーが大事である、というものだ。その年代の必要性を言い当てていて、確かに頷ける部分もある。

　教職員組織を客観的に見られるようになると、自分の立ち位置や教員としての在り方なども考えるようになった。将来はどうなるのか、このまま退職まで一教員として教育に携わるのか、何かの主任主事を任せられるのか、これからの異動はどこを希望しようか等と、自分で考えてもどうしようもないようなことだった。

　そのころは熊本市周辺地域の普通高校に勤務し、大学進学のための受験指導に力を入れていた。そういう中で、自分の教員としてのアイデンティティは何かと考えるようになった。国語の教員として認められているか？　バレーボールの指導者としてはどうか？　校務分掌の進路指導は？　自己評価は手前味噌ながら、どれもそこそこの仕事ぶりで中途半端なものだっ

た。しかし、中途半端でも、教科指導も校務分掌も部活動もバランスよくそこそこ指導ができる教員は少ないのではないかと思うに至った。生徒たちに迷惑をかけないようにと思い、どれも手を抜かずに頑張った。これこそが自分のアイデンティティだと思えた。そこから周囲の先生方からも認めてもらえるようになった。ただ一つ頑張ったと言えないのが家庭サービスだった。特に妻には家のことはほとんど任せっぱなしだった。

　そして、この文章を書いていて思い出したことがある。教育センターにいた頃、新任教頭研修会のあいさつで、「皆さんはこれまでスペシャリストとして活躍され、その仕事ぶり（専門性）が認められて教頭職に昇任したと思うが、これからは様々な先生方や校務分掌から相談を受けるだろう。そしてその相談に的確に答えられるジェネラリストを目指してほしい」というような話をした。私も様々な部署で苦労を経験していたし、教育庁では学校人事課（教職員課）で人事関係の仕事を5年間務めた。どれも一流ではなかったが、いろいろと経験をしたからの言葉だったかもしれない。

　私がなぜ教育庁へ異動となったか。異動の2年前、当時の文部省からの海外研修視察の熊本県団の一員となったことが契機ではなかったかと思われる。学校人事課では一般教員の仕事ぶりから人物までよく観察している。何が目に留まったか分からないが、突然の異動であった。

　それも、自分にとっては全く知らないところで人事が動いていた。この学校での勤務も長くなっていたし、そろそろ熊本市内の学校へ異動できたら、と思っていたが、校長からは異動はない、と言われていた。それが突然の教育庁への異動だった。まさに青天の霹靂とはこのことだろう。後に人事担当者になって分かったが、教育庁への異動は校長にも伝えず進められていき、校長が知るのは内示の時になる。

　学校人事課では人事異動はもちろん、教員採用試験の実施、県立学校や特別支援学校の定数管理、管理職の会議や各種研修、教育委員会規則の立案、懲戒と様々な業務に携わった。学校現場での経験はあまり役に立たないような仕事内容が多かった。自分は学校現場が最も合っていると思っていたので、早く学校へ戻りたいと思っていた。酒席で上司に「学校へ帰し

てください」とお願いしたこともあったが叶わなかった。

　学校人事課勤務の後、現場へ教頭として戻った。学校現場で主任主事を経験せず教頭となったことは、仕事上で若干のハンディではあったが、生徒たちのためと思い頑張った。期間の長短はあるが３校の教頭、教育センターでの研修部長を経て県南の校長となった。

　校長についてのことは既に『校長の実践的学校経営論』（学事出版、2018年）に記しているので、今回は紙面を割かず、退職後のことを書きたい。

　定年退職前に、先輩の先生から誘いがあり、そのまま４月から地元国立大学の高大連携の職に就いた。週３日の勤務で、大学と高校の橋渡しができると喜んだ。退職後は仕事と趣味を両立させたいと考えていたので、望み通りの仕事だった。ところが文科省が大学入試改革を唱えていた時であり、９月から入試戦略室のアドミッション・オフィサーをやってほしいと言われ、定時での毎日勤務となった。休みの日はあれもこれもやりたいと考えていたが、人生はなかなか自分の思惑通りにはいかないものだ。センター試験が共通テストと改称され、試験内容も大幅に改革されようとして、教育界でも大騒ぎとなる時期だった。大学内でも様々な入試の形態を改革しようと検討した。本試験での大きな改革は必要なかったが、多様な試験の導入ということで、推薦入試等の形式を増やすことが改革の中心であった。しかしその大学入試改革も、コロナ禍の中では小規模なものとなって良かったと思っている。入試改革も一段落したし、昨年度末の時点で後輩の先生に道を譲ろうと思い、自ら退職を願い出た。

　今年の４月からは日本教育公務員弘済会熊本支部で幹事・参事の仕事を継続していた。熊本支部では幹事・参事は非常勤であり、以前から委嘱されていた。仕事はたまに会議に出席したり、学校へ助成金を届けたりと必要な時だけでよかったので、それほど忙しいということはなかった。しかも大学退職後はコロナ感染拡大の影響で会議や学校訪問もほとんどできず、暇な時間を送っていた。そんな時、弘済会熊本支部から、事務局の仕事をしないかという話がきた。弘済会の事業は県内の幼稚園から大学までの教

育の振興・充実である。やりがいもあるし、これまでの恩返しのつもりで引き受けることとした。

　仕事内容は様々な教育振興事業の運営や学校等への助成金の準備、その運営資金の管理、本部や幹事・参事の先生方との会議や連絡等と多岐にわたっている。教員生活でしたことのない経理の仕事もあり、勤務を始めて6か月経った今でもなかなか不慣れな状態で、周囲に迷惑をかけている。65歳にもなってハードな仕事をすることになったが、これも前述したように熊本県の子供たちの成長のため、恩返しの思いで務めている。

　これから何歳まで仕事ができるか分からないが、いつも自分の引き際は見誤らないようにしなければ、と思っている。後任が育ち、迷惑がかからないようなしかるべき時が来たら、また後輩に道を譲りたいと考えている。

　現職の頃は早く仕事を辞め、悠々自適の生活を送りたい、等と言っていたが、退職してみて、まだ仕事に対するエネルギーは切れておらず、頑張れる気力もある。やはり仕事を続けるのは自分のためでもあった。

　退職後も教育に関係した2つの仕事に就くことができた。仕事に恵まれたとも言えるが、先輩の先生方からお話をいただいたおかげである。現職時から県立学校のみならず、義務制の先生方ともこれまで誠実に付き合ってきた。また、先輩の先生方とも忌憚なく親しくさせていただいた。そんな先生方との繋がりが退職後の就職に結びついたと思っている。感謝の気持ちを持ち、仕事を続けている。弘済会の仕事も学校種を問わず連携が必要である。ここでもこれまで培った現職の先生方との人間関係が生かされている。やはり人は宝である。いついかなる時に助けられるか分からない。

　現在は仕事を辞め、ゆっくりしたいと思う自分と、弘済会の仕事は子供たちの成長のため、とやりがいを感じている自分がいる。周囲に迷惑をかけないようなタイミングを探っている。結局働くことが好きなのかどうなのか、自問自答しても答えは出てこない。

現場一所懸命主義と求めた邂逅

元山口県立大津（現大津緑洋）高等学校校長　久芳善人

　初任校は地方の俗にいう進学校だった。この学校は初任の若い教員を育てる、現在で言う教科の初任者研修のシステムを持っていたようだ。指導力のある先生に付けられ、私の受け持ち時間は他の先生の3分の2程度で、残りは教科主任の先生が持っておられた。また、受け持った部活動はラグビー部。全国大会県予選が始まる頃には多くの3年生が進学のため退部していた。自分の高校時代の思いもあり、生徒が第一志望を目指しながら最後まで部活ができる環境を目指した。大変だった。赴任4年目から3年生が全員最後まで残ってくれるようになり、7年目でやっと全国大会出場を果たした。このとき、全国大会出場というステージを上がった生徒はこれまでとは違った新たな世界を見ることで、大きく成長した。この学校で精魂を傾けてやってきたことが自分の教員生活の最後の4年間で思いもかけない展開につながるとは思いもよらなかった。部活動の関係で初任校にもかかわらず在任期間は他の教員より長くなってしまい、後ろ髪を引っ張られる思いの中での異動となった。

　異動先の学校は県内屈指の伝統校で進学校であった。ここでもラグビー部を持つことになり、また前任校と同じ思いを辿った。今度は前任校への挑戦が続くこととなった。結果、全国大会へあと一歩というところまで何度もいったが、かなわなかった。13年間在職したが、最後の3年間、自分が最もいきたくないと思っていた教務に配属されてしまった。折しも全国でいち早く学校週5日制を導入し、文部省（当時）からその実施校として研究指定校となったときだった。授業時数の縮減と、『ゆとり教育』『学習指導要領の改訂』と相まって、授業内容の見直しとその授業内容の組み立て、生徒の自己実現に向かう進路指導の組み立て、学校行事を柱にした生徒の学校生活の組み立て、さらに教務規定の抜本的改定まで多岐にわたっ

た。担任をし、部活動と報告書の作成と大変だった。それに、それまで何
度も断ってきた学校訪問の順番がまた巡って来た。断り切れないと観念し、
進路関係で学校に出入りする数社の業者に「この人に会ったらいいという
人を推薦して欲しい」と言って数名推薦してもらったところ、その共通部
分にたった一人の名前が残った。当時、宮崎県立宮崎西高等学校長の宇田
津一郎先生の名前だった。学校訪問の理由は「校長に会いたい」、この思
いだけだった。先生からは「学校訪問の理由に校長に会いたいと言って来
たのは、君だけだ」と言われたことを今でも覚えている。思い出すたびに
恥ずかしくて大いに反省している。また、校長室で先生から出されたお昼
弁当が喉を通らなかったのも覚えている。学校訪問でお昼が出たのは初め
てで後にも先にもこれしかない。先生とのつながりはこれから後、教員を
退職した後の山口県公立高等学校PTA連合会事務局長を終えるまで続く
こととなった。先生には求めるたびに懇切丁寧にご指導ご助言をいただい
た。求めた邂逅ではあったが、私の教員人生を確かに変えた。求めて本当
によかった。話を元に戻す。職場の自分の周囲を見渡せばこれまで自分た
ちをいろいろご指導してくださった諸先輩方が次々と異動され、気が付い
てみれば自分たちの世代が現場を支え牽引していく立場になっていた。そ
して後に続く若い教員に対して現場の「知識や知恵の継承・伝承」の術を
持ちえていない自分に呆然とした。これは自分の教科だけでなく、他の教
科の連中とも連携する必要があるとして、教頭や校長に相談し内諾を得て
希望者を内々に募り取り組むこととなった。内容は、当時の教育現場を取
り巻く状況を踏まえ3か年を見通した「学習指導計画（学習ストーリー）」
「生活指導計画（生活ストーリー）」「進路指導計画（合格ストーリー）」の
策定で、学習ストーリーから始めた。いろいろ配慮しながら進めていった
が、文部省（当時）の中堅教員研修も舞い込み中断、さらに異動でこの勉
強会・研修会は中途半端のままで放り出すかたちになり忸怩たる思いを
ずっとひきずった。しかし自分の課題として残した。このあと自然豊かな
小さな学校へ赴任したが、その3年後、教頭となって都市部の学校へ異動
した。そこでの仕事は何と全国にこれまで無かった中等教育学校の立ち上

げだった。中等教育学校の教育理念や学習内容等のソフト面、これを支える学習環境のハード面を無から創り上げていくものだった。しかし、大まかな青写真ができると、今度は県が初めて始めた教頭の企業への長期社会体験研修に１年間派遣されることになった。自分の派遣先は中国電力株式会社山口支店（当時）、そこでは人事労務部の人事課研修係という部署に配属された。この部署は新入社員の研修から管理職およびそれ以上の職位につながる研修をさせるため、研修の目標、目標に到達させるための研修内容、到達基準の策定および評価までする部署であり、併せて人事や人事評価もする部署であった。今まで経験したことのない異業種の仕事・仕様のあり方を目のあたりにしながら、管理職以上の研修には必ず参加させられた。ただこの長期社会体験研修での１年後の報告内容は、

①企業における経営の「理念」「方針とその管理方法」「目標とその管理方法」及び、これらをクリアすべき「手立て（方策）」等について、定義および策定方法を含め教育現場に馴染む形に文言を含めつくりなおす。

②企業における人材育成や組織運営に係る「研修と育成」「人事評価」を教育現場に馴染む形で使えるものになおす。

というものになった。教育現場に復帰後、これらの作業は普通科高校の総合学科への改編、校長となって商業高校と工業高校の再編統合、さらには普通科高校（進学校）と農業高校と水産高校の３校の再編統合の際の新たな学校の「教育理念」「教育方針」「教育目標」その「手立て（方策）」の策定や、それらの評価（管理）策定に大いに役立った。しかし、この改編や再編統合には周囲からの反対も多く難渋した。特に最後の３校の再編統合では地元が猛反対していた。この書き出しで書いた初任校こそ、この学校であった。ただこの２回目の赴任のとき生徒の保護者の大半が初任時代からの教え子であり、往時の繋がりが信頼の余地を残してくれていた。しかし宇田津先生のお力を借りられたことも大きかった。教員や保護者への研修会や講演会で、先生の「PTAのPのご理解とご協力をいただけるようにすることが第一である」という言葉、Pの力も借りた学校改革の進め方を具体的にご指導いただいた。そしてこれが『PTAは教育現場の応援

団』という言葉につながっていく。統合した新たな学校をこの手で進めることはできなかったが一応再編統合は済ませた。教員生活を振り返ると余裕のない仕事状況だった。退職後の計画は終の棲家を決めるぐらいであった。退職年度の10月ごろ国立大学等からお誘いがあったが、山口県公立高等学校PTA連合会が4年後に全国高等学校PTA連合会の全国大会を引き受けているということで県教委をとおして事務局長職への打診があった。このときも宇田津先生からできれば教育分野以外にも人間関係を広げた方が、その後の人生が広がるのではないかとご助言をいただき、結局お世話になることにした。全国高等学校PTA連合会大会は保護者・教員含めて全国から1万人集まった。大会挨拶を「教育再生実行会議」や「教育基本法」改正と本県との関わりから当時の安倍晋三首相にお願いすることにした。ギリギリまで調整を図っていただいたが、ビデオメッセージとなった。しかし、下村博文文部科学大臣（当時）から「日本の教育の再生」と題し、教育の現状とこれからの方針・施策について80分の基調講演をいただいた。現職の大臣がこのような形で出席されたのは初めてのことだと聞いた。大会では従来とは異なる研修も取り入れ、新たなPTA活動の方向性を打ち出した。教育畑で終わっていれば全国区での繋がりやこのような経験は得られなかった。しかし今思うと、全国大会は自分の教員生活で現場一所懸命でやってきたものを総動員してやり切った集大成ではなかったかと思う。そして山口県公立高等学校PTA連合会は、学校が「生徒の満足」「保護者の納得」「地域のご理解・ご支援」をいただけるよう、新たなPTA活動の方針として、『PTAは教育現場の応援団』を掲げ各高等学校のPTA活動の支援を始めている。

　完全リタイアし、今の自分があるのはこれまでの人とのつながりに支えられたものだとつくづく思う。出会いに恵まれ感謝したい。助けてもらった方が多かった。今度は自分の番と思う。ボランティアとか大げさに考えず、つながりを大切に、孤立していくようなことだけは避けたい。無理せず取り組めるもの、趣味とか共有できる世界でもよい。ということは、やはり昔取った杵柄。経験体験がものをいう、これを生かさねばと思う。

私の歩み

元沖縄県立コザ高等学校校長　**狩俣幸夫**

　退職して早13年余、もうそんなに経ったのかと半信半疑の中、その間に幾人かの友人・知人を亡くし、鏡を見るたびに老けいく己の顔を眺めて、時の流れを実感するこの頃である。

　人生100年時代、退職後最も重要なことは、やはり健康だと思う。

　よくピンピンコロリと言われるように、誰にも迷惑をかけず、天寿を全うすることが一番である。退職後は体力・筋力・気力・知力そして金力は、当然右肩下りである。いかにその勾配を緩やかにするかが日々の努力にかかっている。私は朝のラジオ体操と１万歩のウォーキングを日課に、体調管理と決して無理をせず、趣味（ゴルフ、畑仕事、大工）を楽しみ、少しは社会貢献らしきものもして、勾配を緩めていこうと努めている。

　私は農家の長男で、小中学時代は農耕馬の餌の草刈りや畑仕事の手伝いをした。村の複式の小学校を卒業後、５キロ離れた隣村の中学校へ同級生13人で通った。泥んこ道や故障続きの自転車通学は大変だった。当時は皆貧しく、それが当たり前で不幸などとは思わなかった。しかし、運良く同郷出身の渡慶次賢康先生が赴任されて、向学心を持って大志を抱くことの大切さを教わり、それが人生の転機となった。

　私は小学生の頃から野球が好きで、高校３年の夏の選手権県大会で八重山高校の投手として出場し、学校の県大会初勝利をあげ、地元で評価されたことが田舎者の私の大きな自信となり、野球との縁が深まった。教職に就き、野球から得た経験を活かすべく高校野球の指導者になった。野球部の指導は佐伯達夫元高野連会長の指導理念を踏襲し、勝敗や技能よりも人間教育に重点を置いた。年齢を重ねるにつれ、野球だけでなく、学習成績や進路にも指導の力点が移った。学級役員や生徒会役員になること、担任や級友の信頼を得ること等を勧めた。校内の美化作業や部費稼ぎのアルバ

イト等、野球の練習以外の活動も多くした。練習環境の整備や設備の充実
は、練習効果を著しく向上させる。ピッチングマシンや防球ネットを整え、
トレーニング器具なども溶接技術も会得して自作し整備した。また、部員
の家庭学習時間不足を補うため、部活終了後に毎日２時間学習会をした。
これは大変好評で他の部も参加し、学校独自の取り組みとして校内外から
高い評価を受けた。最も喜んだのは保護者で夕食の差し入れまでしていた
だいた。彼らが大学に進学し、何名かが野球の指導者になってくれること
が夢だった。そのような経験から、進路指導や保護者との連携の重要さを
認識し、学校運営にも興味・関心を持つようになった。

　そういう矢先、校長から文部省主催の筑波研修の機会をいただき、井の
中の蛙状態から少し視野が広がった。また、校長や友人から管理者選考試
験を勧められ、県高野連の会長に野球関係者が就くことが望まれているこ
となどから、組織の役割やその重要性に関心が向き、受験の意思を固めた。
その後、先輩・同僚に恵まれ合格し、指導主事２年、教頭３年、校長５年、
県高野連でも副会長、会長、顧問の重職を任された。仕事は率先垂範を信
条に、背中で語ることを心掛けた。野球部で培った経験を活かし、生徒指
導や進路指導、PTA活動等に力を注いだ。自分の地位を守るのではなく、
その地位で仲間を活かし、どう職務を遂行するかが大切だと考え実践した。
多くの方々に支えられながら何とか職務を果たせたと思っている。中でも、
教頭時代に県高PTAの事業として、宇田津一郎先生を講演に招いたこと
が縁で、今日まで公私共に絶大なご指導・ご支援をいただいている。先生
なしでは職務も退職後の人生も語れない。宮崎に足を向けては眠れない。

　退職後のメインはゴルフになった。60代で1000ラウンドしようという仲
間と、週に２回のペースでプレーし達成した。ゴルフは趣味としての楽し
みと、健康と仲間づくりができる。趣味を通しての仲間は、退職後は時間
的な余裕から長く、濃く、生活の重要なウエイトを占める。

　野球部時代のシートノックの経験を活かし、ボールの向き、高さ、飛距
離をコントロールすることやその研究（？）が楽しい。毎月の定例コンペ
の幹事役をいくつか率先してやっている。天気が悪ければ中止し、ゴルフ

場の理解を得て当日キャンセル・当日飛び込みOK、無理せずスコアは二の次にして楽しんでいる。異業種の方も多くいろいろな情報交換ができ学ぶことが多い。

プレーはひとホール毎の戦略・攻略が面白い。プレー後18ホール、100打前後の一球一打に、仲間との話題は尽きない。距離の出るドライバーや良く入ると評判のパターを内緒で買い求めたり、ライバルに隠れて練習したりして、ゴルフの奥深さに吐息しながら、のめり込んでいる。少々の雨風は構わないが雷だけは怖い。これからはエイジシュートの夢を叶えるべく、心身を鍛錬し仲間と楽しくできるだけ長くプレーを続けていきたい。

農業は好きで知識も少々はあるつもりなので、退職後は農業らしきものがしたかった。都合よく友人から100坪余の土地を借りることができ、週2回のペースで畑出勤している。パイン、バナナ、ゴーヤ、ヘチマ、ネギ、葉野菜など20種以上を植えている。時期を見計らって種子を蒔くと、新芽が顔を出し、葉を拡げ、花を咲かせ、実が成長していく様子は感動的である。手間ひまをかけるほど育ちが良い。子供の教育を連想する。野菜は作るより買った方が安くつくという友人もいるが、やはり育てる喜びや、無農薬の自慢の作物を友人に配る喜びは大きい。また、施肥や品種選び、育て方、土づくりなど研究課題が尽きず時間が足りないほどである。更に農業はこのような自然の恵みを味わいながら、筋力・体力づくりができる。ジム通いもしたいが、今はできるだけ自力で耕し、汗をかき、肉体労働することを心掛けている。マイペースの農業はストレスもなく、それこそ生産的な活動だと思い続けていきたい。

退職した有志10数名で、宇田津先生と教育機関の指導・協力を得て、沖縄県の21世紀を担う人材育成を目標に「進路指導実践研究会」を平成24年に設立して6年余り活動した。その後、県の事業として拡大・充実し大きな成果を出したことはタイムリーヒットだった。また、退職後県高野連顧問として県内をはじめ九州各県の関係者と親交を深め合ったり、県高校退職校長会の役員として諸行事の企画運営等の経験は、貴重な財産になった。

人類繁栄の要の一つはエネルギー獲得である。効率が良く環境にも優し

いのは太陽光発電ではないだろうか。それで今、ソーラーパネルを購入して自作の太陽光発電を友人と情報交換しながら試みている。

　自宅の使用電力の4分の1程度だが、可能性を感じている。面白いことに、発電量を毎日チェックしていると、日照時間や天気が気になったり、無駄な電気の使用に敏感になって、省エネの生活になってきている。

　退職後悩んでいるのは、断捨離である。もったいない精神が旺盛で、ガラクタ（？）が捨てられない。故障した電気器具は直せば使えると思うし、本や資料なども手元からなくなるのが惜しくなる。趣味の大工で部屋をリフォームしながら整理するつもりでいるが、なかなか進まない。家族からも催促されているが、決断力不足を嘆いている。

　これからの10〜20年で我々の生活様式や環境は大きく変わりそうである。人工知脳（AI）のあらゆる分野への進出、電気自動車（EV）や再生可能エネルギーの普及、スマホやネット情報社会の進化拡大、生活のグローバル化、iPS細胞等など医療技術の向上等、その変化には枚挙にいとまがない。これからはこの変化への対応力が生きる力として必要になってくるだろう。学校教育（内容、方法、機器制度等）も大きく変わるだろう。悩ましいのは、民主主義が危ぶまれ独裁的な国家が台頭して来たり、紛争の絶えない国際情勢や宗教・人種差別など、あまり利口になれない人類社会の今後である。地球温暖化や異常気象、環境問題等一筋縄では解決しない問題である。私利私欲のない政治家やリーダーが現れて欲しいが、我々一人ひとりは何を成すべきかが問われているのは確かである。アインシュタインの言葉に納得する。沖縄に生まれ住んでいると、平和や戦争、政治や歴史について考えさせられる機会が多いように思う。

　豊かな人生に求められるものは、物質的・精神的なもの、人それぞれと思うが、"人との出会い"は欠かせない。退職後は時間的ゆとりはあるが、生徒や職員との出合いや交流はなくなり刺激のない毎日が繰り返され、変化のない年月が過ぎていくばかりになりかねない。読書や旅行、趣味の集いなどは、結局は出会いと交流の場であり、それが人生に潤いを与えると思う。この書がそのような出会いのきっかけになれば幸いである。

人生、節目に"出会いと選択"

元沖縄県立小禄高等学校校長　**東盛 稔**

　我々、日常が出会いの連続である。中には人生が変わる運命的・奇跡的な出会いもある。そのような中で自分の意思や価値観等で選択し、成長や生き方考え方・人生に繋げていく。私は教職の間、各学校・研修会等で生徒・職員・関係者、実に多くの方々と出会い学び、教育活動に携わってきた。これらを基にした教育実践が情熱を失わず、38年もの教職が続けられた要因だと思う。以下、"出会いと選択"を念頭に綴ってみたい。拙い体験・実践で限られた紙面・断片的であるが、ご容赦願いたい。

1　教職員38年の経歴（異動年度順）

　【教諭】那覇高校・普天間高校（臨任1年）、波照間中学校（3年）、石垣中学校（1年）、八重山高校（8＋6＝14年）、八重山農林高校（5＋5＝10年）

　【管理職】八重山高校・教頭（2年）、小禄高校・教頭（2年）、八重山農林高校・校長（3年）、小禄高校・校長（2年）

2　教育実践を支えた研修　～県内外研修でも多くの出会いが…～

（1）授業実践に向けた研修姿勢

　1972年大学卒業。一転、沖縄県物理教員臨任の始まりの年度となった。私は那覇高校と普天間高校（臨任各半年）に配置された。そこで、情熱的な教師集団に出会う。研修会参加、研究授業実施、また、夏休み中の全国的な研修参加・県外の自然や科学館巡り等、教師としての研修姿勢を学んだ。その後、離島・八重山で勤務するが、県費や研究会派遣費等を活用し、県内外研修の参加に努めた。当時は「理科嫌い」「物理嫌い」の実態に対応し、理科・物理に興味関心を持たせる「実験・観察」や視聴覚教育等の

研究・研修が盛んであった。

（2）沖縄県内地留学教員への派遣（科学教育、信州大学、6か月長期研修）

　1993年当時、標記の研修制度があり、その機会に恵まれた。長野県の気候や大自然、変化に富む環境との出合い、指導教官・飯利雄一教授や物理学科教授及び大学院生との学びや交流は視野を広げる貴重な体験であった。研究テーマは「映像による物理現象の実験・分析」。教授の指導や院生との論議等広く学ぶことができた。研究サークルや研修会へも足を運んだ。休日には大自然や施設等を精力的に回った。科学博物館の多さは「教育県長野」を思わせた。3月には、本研修の成果「研修報告書」「話題源物理・話題源信州」（冊子）、「信州の6ヶ月」（30分ビデオ）を作成し、県や学校職員に報告した。その中から話題を二つを記したい。

＊著書『いきいき物理わくわく実験』で知られる岐阜物理サークル（のらねこ学会）。会員は大学教授、企業研究者、高校教諭（物理、数学、化学、音楽）。研究や授業実践等の成果や話題を報告し合い、情報交換・論議する熱心な先生方。情熱的な先生方に指導される生徒は幸せである。毎月の、昼食を挟んだ"熱い"数時間は、私の長期研修の活力になった。

＊長野県視聴覚研修会で、映像で研究発表をされた手塚正道先生（当時千曲高校、数学）と出会った。「長野県の自然や施設等の記録映像編集」のご指導をお願いすると、快く引き受けて下さった。約束の3月、上田市の手塚先生宅へ。編集機器が揃ったスタジオで、早速編集作業。予想以上に時間がかかり、結局、「信州の6ヶ月」（30分ビデオ）は2日掛かりで完成した。懇切丁寧にご指導いただいた手塚先生には、感謝の極みである。2020年現在、手塚先生は77歳、最近「信州エコ大賞」を受賞した上田市環境市民団体「ヤマンバの会」の会長や副会長を歴任されている。

（3）「校長・教頭中央研修講座」（"つくば研修"、3週間）

　2003年度、小禄高校教頭へ赴任後の6月中旬、「校長・教頭中央研修講座」（つくば研修）受講。全国各地から168人（沖縄県6人）の校長・教頭の研修の集い。著名な講師による講話、演習、班別協議等、朝8時〜17時までの22日間であった。昼間の研修後の、班別または宿泊フロアーでの連

日の懇親・交流は各県地域学校のいい情報交換の場であった。17年経った今なお、"つくばの友"とは繋がっている。その頃「総合的な学習の時間」が始まり、時宜を得た講話「進路指導からキャリア教育へ」の中で、先進事例・福岡県城南高校の生徒主体の進路学習「ドリカムプラン」が紹介された。学校課題を克服し進路実績は大躍進を遂げていた。実は同プラン、当時進学躍進著しい宮崎西高校訪問で、宇田津校長との出会い、「どの大学に何名合格するのかではなく『大学卒業後こそ、人生の本番』」の考え方が構想・企画の始まりだという。

3　教職の転機、管理職へ　〜部活動指導から教務主任へ〜

　私は授業や進学講座はもとより、部活動にも情熱を傾けた。部活動は共通の趣味・特技・目標を持つ生徒が、健全な人間関係づくり、心技体の鍛錬等、重要な教育活動である。私は全勤務校で放課後や休日に部活動（バドミントン部）に関わり、県総体で準優勝して共に歓喜し、九州大会へ派遣された忘れがたき思い出がある。退職まで部活動も含めた教職生活を思い描いていた。ところが、転機は思わぬ形でやってきた。八重山農林高校の二度目の赴任2年目で、上司や先輩方の勧め・説得で教務主任になったのである。3年間の同主任の中で、全国的に話題になった、学校設定科目・警察官による「安全教育」「牛の卒業式」「馬の学式」等、当時の仲宗根用英校長（後に県教育長）のユニークな学校経営に接し学んだ。結局、八重山高校への異動は、図らずも教頭であった。

4　小禄高校の活性化　〜部活動低迷から加入率70%へ〜

　2003年教頭で赴任。早速、課題のコース制の見直し。「特進コース」を廃し、普通コース中に「特進クラス」を設置する一部改編を決定。5月のPTA総会には、「98％PTA総会」の宇田津一郎先生の手法「欠席者集会」に倣い、出席率50％に躍進（以前20％）、県紙でも話題になった。このような流れの中で、大きな課題、部活動、生徒指導等の取り組みが始まる。2003年当時、部活動加入率26％。体育科を中心に「部活動60％を目指

134

そう」と動き出す。生徒指導部からは「問題行動・身なり・勤怠状況を良くしよう」と声が上がる。天も味方し、2003年８月沖縄都市モノレールが開通（近くに駅）、新通学区域（拡大）施行。入試倍率が高くなる。いくつもの要因が相乗効果をもたらし、部活動加入率70％、生活・勤怠状況が著しく改善、進路実績が向上し、学校が活気づいてきた。

　３年後、校長として再び赴任。更なる好転に安堵し決意を新たにした。

　生徒や職員の活躍・快挙の中で時は流れ、その２年後、退職を迎えた。最後の全校集会・離任式で、「雲外蒼天」（墨書・色画用紙）を全生徒に贈り、「長い人生苦楽あり、頑張れ!!」と別れを告げた。また、教頭・事務長の勧めで、事務室窓口頭上に扁額「雲外蒼天」を掲げた。

5　退職して思うこと　～退職後の計画は10年以上前から～

（1）近況報告　～これまでやったこと・やっていることなど～

＊県高校退職校長春秋会（教育研究部）：与論高校や沖縄高専を訪問。

＊退職後間もなく、石垣市真栄里地区（約3000世帯）の「真栄里公民館」
　館長２年間。本年度から再三勧められ、「真栄里老人会」加入、書記に。

＊NHK通信講座受講（川柳）。最近「新報川柳」に応募、何度か佳作入選。
　琉球新報掲載佳作句（例）「この地球　ファースト政治　世を乱す」
　（2020.12.15.）・「コロナ禍が　老人余生　食い潰す」（2021.4.20.）

＊2016～2019年度、困窮家庭生徒・県委託大学進学「無料塾」に携わり、
　高校１～３年延べ51名中、受験生18名、国公立４名含む16名合格。

（2）退職後の計画は早めに　～できなかったことなど～

＊退職後を見据えて、計画は退職10年前から準備・"助走"を始めておく
　こと。そのことが、退職後の生きがいやり甲斐にも繋がる。（反省）

＊気象と天体（星）には関心があった。退職後、通信教育U-CAN「気象
　予報士講座」を受講。視聴覚の衰えを自覚する私には、時既に遅し!!
　星に関しては、石垣島には「国立天文台」「八重山星の会」「南の島の星
　まつり」等、学ぶ環境に恵まれている。退職後では全く遅く、日頃から、
　学習の場や組織等に関わり、学び・行動することが必要であった。

教師生活50年、自治会等役員15年

元宮崎県立宮崎東高等学校校長　**石峯 勝**

　東京オリンピックが開催されたのは、昭和39年（1964）10月であった。その年の4月、県立延岡高校に赴任し、平成12年3月、県立宮崎東高校の校長職で定年退職した。退職後すぐ、私立の宮崎日大高校から特命教師として招聘され、10年間勤務した。もうこれで終わりかと思っていたら、宮崎大宮高校・宮崎南高校の校長から、新任教師の「指導教官」の要請があり、4年間勤めた。合計すると、県立高校40年、私立高校10年、合計50年、半世紀の教師生活であった。

1　勤務校と勤務年数、主な行事等

　○延岡高校：11年…高教組分会長、北古城地区副区長、公民館長。

　○宮崎西高校：10年…市内3校合同選抜の事務主任。

　○高鍋高校：8年…生徒指導主事、文部省主催中央研修等参加。

　○日南工業高校：3年…教頭、学校創立30周年行事。

　○延岡東高校：2年…教頭、学校創立20周年行事。

　○宮崎東高校：2年…校長、全国通信制高校研究大会（実行委員長）。

　○宮崎日大高校：10年…特命教諭（特別進学科担当）。

　○宮崎大宮高校：2年…新任教師指導等。

　○宮崎南高校：2年…新任教師指導等。

2　初任校での教え子たち

　初任校は県立延岡高校で11年間勤務した。教え子たちは2000名くらいと思うが、そのうち、学級担任したのは250名くらいで、今も交流が続いている。初任給は1万9510円であった。〔次頁表参照〕

　所得税や共済掛金等引かれて手取りは1万7176円、それから背広の月賦、

アパート代、テレビ月賦等引かれて、生活費は8000円くらい。

　昭和49年10月、教え子たち（初期の教え子は社会人となっていた）が、なけなしの給料を出し合って、石峯夫妻の“錫婚祝い”を催してくれた。結婚10年目を“錫婚”と呼ぶのも初めて知った。高校同期の米沢隆君（衆議院議員（当時））も駆け付けて、祝辞を述べてくれた。教え子の中から、県庁幹部や県立高校長も誕生した。教え子は宝、教師冥利に尽きる想いである。そうそう、仲人も何組か経験したが、時代の流れか、離婚した組もあり、想いは複雑である。

3　高鍋高校での宇田津一郎校長との出会い

　2校目は新設の宮崎西高校であり、3校目は、文武両道を掲げる、県央の高鍋高校であった。2年目に宇田津一郎校長が着任され、PTA総会の出席率100%、退学者0をめざす方針が打ち出された。当時、高校の中途退学率は2%前後で大きな社会問題となっていた。高鍋高校も例外ではなく、7〜8名の退学者が続いていた。2〜3年後には0に近づいたが、血の滲むような日々が続いた。

　その1　深夜の補導で町内をパトロールしていた時、スーパーの駐車場の電話ボックスに、制服を着た女生徒を発見し、注意したら、「先生、自宅にいられません。父が見知らぬ女性を連れて来ています」と。

　その2　警察から呼び出しがあり駆け付けてみると、「自宅の軽トラック

を町道で乗り回していた」と。事情を聞くと、兄貴が一流大学に合格し、両親は下宿探しに行き、ひとり残された、ということだった。

　女の子の夜間徘徊にしろ、男子生徒の無免許運転にしろ、家庭環境・親子問題は深刻である、と痛感した。

その3　高鍋高校は部活動も盛んで、野球部、ラグビー部、剣道部は全国大会の常連校であった。町外・県外からも生徒が集まり、寮も設置されていた。剣道部の男子寮で暴力事件が発生した。大分県から来ていた生徒で、最初いじめられていたが、次第に逆転し、いじめる側となった。

　生徒指導委員会では"退学処分やむなし"の状況であったが、当時、生徒指導部長だったので、「ここはひとつ、部長預かりの処分に願いたい」と申し出て預かった。みごとに立ち直り、大学にも現役で合格し、卒業後は県内の高校で、生活指導の教諭として頑張っている。

4　管理職はビジョンと哲学を備えたい

　教諭時代、多くの校長や教頭に仕えたが、退職した今、80歳を過ぎた今、「何であの人が管理職？」と思う人も少なくない。年2回、退職校長の懇談会や懇親会の案内があり、出席しているが、その思いはますます強い。管理職には、教育へのビジョンと生き方の哲学が必要だ。日本の風土や文化を学ぶと共に、人間としての生き方、身の振り方を身につけたい。日本の四季の彩りに感動し得ない管理職が何と多いことか。青少年に感動と喜びを伝え切れない管理職が何と多いことか。

　自分自身の社会的地位や名声を求める時代はとっくに去った。

5　退職後の生き方

　60歳定年退職は早過ぎる。男子80〜82歳、女子88〜90歳が平均寿命。60歳代は働き盛り、70歳代も元気で意欲があれば、大いに働くべし、と考える。多くの生徒や教師を看てきた経験はきわめて貴重である。

　70〜80歳代は、その経験を社会に還元したいものである。地域社会、地域団体は今、リーダー不足が深刻である。

　私は、地元の花山手自治会の役を20年間近く務めた。花山手自治会は新興住宅地にあり、世帯数約1500戸、人口3000人の団地。個別住宅が3分の2、集合住宅が3分の1、500戸である。この集合住宅が自治会になかなか加入しない。班長の役は、地区回りで順次やってくるが、自治会長以下の役は、選考委員会で選考し、総会で承認を受ける。選考委員会での選考が難航し、なかなか候補者が現われない。自治会だけでなく、老人クラブ、社会福祉協議会・民生児童委員会、PTA組織等々、役員を請ける人が激減し、大ピンチである。地域社会、地域諸団体の機能が果たせなくなりつつある。教育関係の仕事に携わったOBは、今こそ、手を挙げるべきと考える。ただし、心したいことは、地域社会は学校と違って、年齢も職業も多岐で複雑なため、上からの号令だけでは動かない。

　私は、地区の班長2回、監査役2年、自治会副会長8年、会長2期4年、他地域協議会等の役を10年くらい、いただいた。

　決して、昔の教師面（づら）をしない、知ったかぶりをしない、分けへだてをしない等、気を遣ってきた。そして、70歳代半ば、すべての役を退任した。

6　四国遍路に挑戦

　80歳近くになり、"四国遍路"に挑戦することにした。しかし、言うは易く、なかなかである。79歳になり、歩き遍路に挑戦すべく徳島県の一番札所、霊山寺からスタートし11番の藤井寺から12番の焼山寺の山道でダウン。2回目の80歳は自転車遍路。しかし、日本の道路は、自転車には不親切。デコボコ道や風の強い日は転倒する。3回目の81歳はバスツアーでの巡礼。多くの寺を訪ねたが、忙しいの何の、最後尾から、やっとこさ追いついて行った。

　あと高知県内の16寺が残っている。室戸岬の最御崎寺から、足摺岬北の延光寺までだが、令和2年はコロナで動けなくなってしまった。

人生100年　山あり、谷あり

元宮崎市立久峰中学校教頭　**矢野龍男**

　校長だった父の口癖の「エクセルショー」の言葉を心の糧として教師になり、県立高校26年、県教育委員会３年、県国体事務局４年、公立中学校教頭４年、退職後、私立高校管理職３年、私立中学校管理職２年、自治会活動12年、紆余曲折の人生だった。間もなく83歳を迎える。日南市油津に、昭和13年に生まれ、昭和20年４月に国民小学校に入学、戦火の中、防空頭巾と教科書を片手に近くの神社での勉強と、空襲警報で私設の防空壕に避難する生活に明け暮れ、呆然として、焼け後の我が家を見つめる日々を送った。そして８月15日に終戦を迎えた。よく無事に生きてこられたと思う。小・中学校時代の９年間は、勉強より、毎日、ターザンごっこ、メジロ取り、昆虫採集等で、野山を駆けめぐり、自然の中で足腰を鍛えた。このことが後の自分の競技力の向上と好成績につながったと思う。その後、高校に入学、陸上部に入り、高校１年時に山形県の全国大会（インターハイ）の走幅跳で第４位に入賞、同年、東京の神宮競技場での全国東西対抗で、走幅跳で7m11を跳び第２位入賞。そのきっかけで、村社講平先生・吉岡隆徳先生にお世話になる。高校２年時、高知県で開催された全国大会（インターハイ）の走幅跳で6m98（大会新記録）を跳び優勝を飾る。その後、オリンピック・アジア大会の候補合宿に招聘され、大阪の長居陸上競技場でオリンピック選手たちと合同練習をし、指導を受けた。高校３年の春、大きな肉離れの怪我を起こして休学し、治療のため、日本体育協会のお世話で東京に行った。そのため、高校卒業が４年かかった。後援会等にも迷惑をかけ、オリンピック出場の希望も遠くなり、心身共に疲労した。しかしこの経験は、故障をしない下半身の強化、基本トレーニング、しっかりした土台の上に立った技術指導の大切さなど、教師になってからの良き教訓になった。大学は東京教育大学（現筑波大学）保健体育学科に進学

し、体育理論・生理学・コーチ学を学び、いくつかの論文も書いた。また、教授・先輩との交流で、多くの教育指導法を学んだ。

　大学卒業後、宮崎県の高校の保健体育の教師になり、赴任早々から県教育委員会保健体育課に九州教育研究大会の機会を得て、「スポーツにおける形態と運動能力の相関関係について」を発表した。良い思い出になった。学校では、保健体育の授業と、顧問として、陸上競技の部活動指導をした。

　教師時代特に印象に残っていることは、宮崎商業高校時代の県学校総合優勝、全国大会1600m リレー入賞（中村康二郎選手他）、日南高校時代の県男・女総合優勝、河野敬二選手のモスクワオリンピック代表選手、高鍋高校時代の教え子で、2018年のアジア大会マラソン優勝の井上大仁選手を育てた黒木純選手（山梨学院大キャプテンとして箱根駅伝優勝、現三菱重工長崎の監督）、宮崎南高校時代の藤原智選手、三段跳県新記録・日本ジュニアオリンピック大会出場など、日本・全国高校に著名な選手を育てたことである。素晴らしい選手に恵まれたと実感する。特に、生徒・保護者・先生方との人間的触れ合いは、自分の生徒づくり、人間づくりに大きな影響を与えた。そして、毎年、陸上部 OB 会に私たち夫婦を招待してくれる教え子たちに感謝している。また、家庭での合宿生活、遠征等で、妻や子供達の支えに感謝したい。先に、宮崎で開催された、世界ベテランズ陸上大会・全国高校陸上大会（インターハイ）・全国中学陸上大会の審判長として競技役員を受け持ち、さらに、選手育成の実績と合わせて、京都の国民体育大会時に、日本陸上競技連盟会長より功労章の表彰をいただいた。昭和49年に県教育委員会保健体育課の指導主事となり、各種の行事の業務、文書作成、学校訪問等に携わり、新しい経験をした。特に文部省指定九州地区カウンセラー協議会への参加は、後の生徒指導にとって大きな財産になった。その後、昭和54年開催の宮崎国体の仕事で、主任主事として県国体事務局競技式典課へ異動し、国体開催の業務に携わった。

　国体開催時には、すぐ近くで、「行幸」としておいでいただいた天皇陛下に拝謁し、ねぎらいの言葉をかけていただいたことは、一生の思い出になった。また、業務として、競技場の設営業務、各競技の進捗状況、リ

ハーサル大会への表敬訪問、各競技の県外合宿への帯同、全国の各競技団体の役員の方々との交流は良い財産になった。また、施設・設備等の建設を進めるに当たって、地元住民の人々と国体事務局との話し合いに時間とエネルギーを注いだ。そして、宮崎国体では、選手・役員等の頑張りと、県を挙げての一致協力で、念願の天皇杯・皇后杯優勝を飾り、成功裡に終わった。その後、高鍋高校に転出し、宇田津一郎校長と出会った。校長は、私たち運営委員と一緒に、学校改革の推進に向け努力された。具体的には、新入生合宿オリエンテーション、学習合宿、全校ランニング、1日マラソン大会、献血・奉仕活動の推進、各種の講演会等々。また、国公立大推薦入試の導入、各種資格試験（英検・スポーツテスト等）や、PTAと連携した交通安全、また、文部省研究指定の部活動合同トレーニングなど一緒に推進された。その成果として、進学・部活動ともに向上し、学校が活性化した。私は、献血推進を部活動生と一緒に協力し、その結果を東京の日本赤十字社において研究発表した。宇田津校長は、「世界の高鍋、宇宙の高鍋」と常に生徒に語りかけられた。一緒に仕事をさせてもらい、大いに自分の生き方の刺激になった。私の37年間の教師人生は、生徒・先生・保護者等多くの方々に支えてもらい、感謝の一言である。これまでの経験は、まずしっかりした土台（基本）作りと、その上に立つ展開である。スポーツでもそうだが、しっかりした基礎の上に、体力・精神力・技術を身に付けていくことが重要である。健康管理・体力強化を十分行い、その上に立ってエリートスポーツを目指していくことが大切である。基礎のない土台は道半ばにして崩れてしまう。基本に立った健全な人づくりこそが、真のスポーツ選手の成功である。そして、最後は中学校の管理職を2校4年間務め、経験のなかった中学校の生徒・先生達との交流を通して人間的にも成長し、無事退職を迎えた。退職後、私立N高校教頭3年、私立H中学校教頭2年を勤務した。私にとって私立学校教職は、最後の教育経験だったし、その後の私の生き方に大いに参考になった。その後自治会活動に携わることになった。前会長の8回の説得に負けて、会長を引き受けることになった。340世帯、住民約1000人の団地で、12年間、自治会活動に邁進

した。自治会長の役目は、行事運営をはじめ、自治会加入の促進・住民の要望解決等、安心・安全の団地づくりに取り組んだ。当初は役員選考に、多くの時間と労力を費やした。総会で会長に推薦されると、懸案の浄化槽の公営への切り替え、防犯灯のLEDへの交換、高齢化対策等山積みだった。会長職5年ほど経過頃、地区代表として宮崎市のいろいろな幹部役職も引き受けることになった。代表的なのは、宮崎市地区生涯学習推進協議会会長、宮崎市公民館協議会副会長、宮崎市青少年問題協議会委員、宮崎市地区民生児童委員推薦委員長等、12役である。毎日、会議・活動・先進地訪問の連続だった。主な仕事は、自治会加入促進マニュアル作成、脱退者の防止策、自治会・公民館活性化の推進だった。

　80歳で12年間の自治会長を終えた。知力、体力、認知症予防の健康維持になり、良き奉仕活動の第3の人生だった。公立学校勤務37年、私立学校勤務5年、自治会活動12年と人生の表裏を経験し、多くの学びとなった。これからいよいよ80歳代の老後の第4の人生の始まりである。教職生活・自治会生活等から解放され、人生終わりの生き方に入る。次の3目標を実行している。「食べること」「体を動かすこと」「趣味の世界」。私は常に計画の70%で、パーフェクトとしている。気楽に・苦にならない・欲張らない・余裕を持つ・継続する。食べること：3食を自分で作る―利点は、好みの食事・献立を考える・手を動かす（認知症予防）。体を動かすこと：ジョギング・ウォーキング（30分）・ハアハア・タラタラ（呼吸と汗）の園芸作業等―ポイントは、無理をしない、やりたい気持ちの70%でやめる、場所は、家の中、庭、公園等、危険の少ないところ。趣味の世界：釣り、蝶採集、ソフトボール、園芸等。モットーとしていること：エレベーター等を利用しない、手近な物を利用する（階段1段目の昇降運動等）。最後にこれからの人生を、力を抜いて、健康で楽しく生きていこうと思います。今や人生100年時代が叫ばれています。平均寿命が延びれば、認知症や障害も起こります。そのためには、健康づくり・人とのコミュニケーションが大切です。この書で出会った先生方とのめぐり逢いを大事にしながら、ゆっくり余生を送ります。

卒寿の追想

元宮崎県立延岡高等学校保健体育部長 **竹井史旺**

勤務校と勤務年数

　富島高校７年、延岡工業高校16年、高鍋高校５年、延岡高校９年、向陽台高校トライアートカレッジ３年。

　昭和39年３月日本体育大学学生課から宮崎の富島高校の校長平松輝夫先生から学校に至急連絡くれとの伝言。連絡をいれるとお前は富島高校に配属となった、下宿等も決めてある、ラグビー部も春合宿をしているので一度帰って来いとのこと。平松先生は日南高校時代の校長先生でもあり、新任地が富島高校、初めて３年生、２年生との出会いで紹介され、緊張していた私だった。その時の部員、彼らとは１年しか指導していないのに今だに、何かにつけ面倒を見てくれている教え子達である。その後陸上競技部の監督となり、宇田津一郎先生が、高千穂高校から転勤されてこられ、陸上部の部長を引き受けていただきその当時から生徒に夢を与える学習指導をされ、進路指導をしていただいた。

　その後46年４月に転勤となり、新任式の日生徒達は烏合の衆で雑然としていて、思わず大声で怒鳴ったことが思い出され、私も血気盛んな30歳で当時の部員は13名、そこからのスタート３年目にして40名を超える部員数となり結果も出てきた。楽しいラグビーをモットーにして実施し、「意志あるところに道あり、思いやりの精神を基本理念に一人はみんなのために、みんなは一人のために」とそれと同時に学校長はじめ多くの先生方の理解を得て昭和49年第１回高校総体が開催され春季大会３位、秋季大会、全国大会予選は準優勝、基本的には欲（勝ちたい）がなくてはならないし、負けたときに情熱ができ、目的をはっきりさせないとと思い昭和51年のチームは優勝を意識したチームで延工時代の最強のチームだったが、10対４で都城に負け、自分の指導力のなさを痛感した。52年度のチームに自分に与

えられた任務のベストを尽くすばかりでなく、自分を殺してボールを生か
す犠牲的精神を忘れることなく、ノーサイドの笛が鳴ったとき、顧みて悔
いのないゲーム内容になるように指導した結果28対18で高鍋に勝ち全国大
会に出場、53年1月1日神奈川代表東海大相模に6対14で敗れはしたが全
国に延岡工の名を知らしめた。

　私も延岡工時代に社会人チーム日新製鋼対新日鉄八幡の定期戦のレフ
リーをしているのを日本ラグビー協会の会長が見られていて、逆指名で
トップレフリーの研修会に呼ばれ、日本協会所属のレフリーとして関東、
関西の大学のリーグ戦、社会人大会、高校の全国大会のレフリーを務め、
監督とレフリーの二足の草鞋をはくこととなり多くの大学、社会人の監督
と知り合いになり、生徒の進路指導の恩恵を受けることができた。その後
は日本協会のレフリー委員として75歳まで後進の指導に全国を駆けまわっ
ていた。

　昭和62年延岡工業から高鍋高校に転勤、32年間高鍋高校に勤務されてい
た偉大な先生との交代劇。当時の主将池澤弘喜君が「私達の戸惑いもあり
先生は随分と苦労されたと思います」と記念誌に寄稿している。大変な思
いをしたことは確かで、高校総体で敗れた。普通科高校で一番大切なこと
は進路目標達成が優先しなければならないと落ちこんでいる私を宇田津校
長先生から叱咤激励をしていただきそのことがその後の教員生活の指導理
念となった。総体後生徒達と勝つラグビーと進路達成について話し、夢が
なければ眼は輝かない、大きな夢に向かって歩こう、その上私の考え方を
示し、勝つことが大切なのではない、勝ち方の美しさを競うと言って、生
徒達の目の色も変わり、自ら考え、自ら問題点を見出す力も加わり、「自
分達で考えるラグビー」へと変貌していったと思う。第67回全国大会決勝
での10対10の両校優勝抽選、鍋高主将池澤君が無念さを押し殺しながら都
城主将坂元君の肩を抱いて祝福した「ノーサイドの精神」は今もって忘れ
られない光景である。第68回全国大会予選では優勝して花園出場を果たし
た。この時の生徒達は日頃から気力が充実している時、いない時、「ま
だ」5分ある、「もう」5分しかない、心の中の姿勢、構えにはものすご

い差があることを実践してくれた。「まだ」と考える人は意欲を感じ、「もう」と考える人は過去への悔いと不安しか感じられない。全国大会1回戦対岡谷工業では10対13と劣勢から16対13で勝利、この残り5分を生徒達は最後まで諦めない何かを持っていたと思うし、互いに切磋琢磨し合う中でリーダシップや困難に耐える力、他人を思いやる心が育ち、そして創造性も身につき、学力以上に「生きる力」になったと思う。高鍋時代はその時、その年で数多くの思い出があり、多くの素晴らしい出会いがあり、一期一会「イチロー会」での出会い、宇田津先生、多くの先生方、保護者、PTAの役員の皆様にご指導いただき、私の生き方まで影響を受けている。

　平成4年、今年こそ日本一のチームにしようと3年計画の最終の年1年生大会から負けていない生徒達を残し伝統ある延岡高校に転勤し、4月8日の始業式の放課後3年生9名、2年生6名計15名の部員達とのミーティング、彼等の目が輝いている。延工、高鍋で培った経験から信頼され実力のある指導者になるために、さまざまなテクニック、方法を学び自分自身が努力し人間的成長をはかるため率先垂範の心構えで気概を持って指導した。年々部員も増え着実に力をつけ78回全国大会決勝後半15分過ぎまで16点差、その後動きが悪くなり16対17で延岡東に逆転され優勝を逃す。その後新人大会等で優勝し文武両道を校是とした延高を平成13年3月退職し、週1日でもよいからと理事兼校長のトライアートカレッジに要請を受け副校長としてその時の1年生が卒業するまで勤務、2年目から毎日の出勤、土曜日、日曜日はレフリーの指導で県外と休む暇もなく、退職を申し出てゆっくりしようと思っていた時に富島高校時代の教え子達が前回の選挙で落選した二女と小学校時代の同級生、母親は富島高校時代の教え子達から県議の後援会長を引き受けることとなり16年間後援会長を務め現職時より多忙な毎日であった。落選した選挙では「孔子も時に会わず」のたとえのごとく本人の能力を発揮できる時勢に出会わず埋もれていたので「時節を待てよ柿の種」つまり柿の種も時期が来れば芽が出て大きく実がなる時期を待つのがよいということで、平成18年12月18日に出馬表明、県民の目線に立った県政を目標にし初当選、それから4期当選を機に会長職を勇退す

るまで市民からの要請、県政報告会、グランドゴルフ大会、ミニバレー大
会等の後援会主催と多忙な生活であった。令和 2 年 1 月31日をもって後援
会の顧問として会長職を辞任するもコロナ禍の影響で計画していたことが
すべてキャンセル、会長16年間で多くの人達との出会いは教員時代とは
違った財産となっている。

競争環境を勝ち上がるための 4 つの局面条件
1　環境確保
　活動に従事するための環境・適性が必要だと思う。
2　学習意欲（真のモチベーション）
　目標のために、最善を尽くす。
3　学習能力（分析・習得・謙虚な姿勢）
　勝ち上がるためには、幅広い学習能力とそのための継続的努力が求め
　られる。
4　習得した能力を発揮する能力
　プレッシャーを受けても、限られた時間制限の中でパフォーマンスを
　発揮することが要求される。
　ラグビー競技や選挙においても上記のことを基本にラグビー部員、後援
会役員とともに考えながら話し合いをしたと思っています。多くの人達に
感謝あるのみです。

私は教師としてこのように生きてきた

元福岡県立武蔵台高校校長　元福岡女子短期大学学長　**仁田原　秀明**（筆名　星野秀水）

　何も今更という思いがある。44年間もの長い間、教師生活を過ごしてきたのに、特に業績らしきものを持ち得なかった私が駄文を掲載するということに一抹の気恥ずかしさと畏れ多さを抱いている。

　再定年してからまだ5年しか経っていないのに、何か遠い日のような気もする。そして、現役として頑張っている後輩教師の皆さんに参考になるようなものは皆無だと思うが、「教師としてこのように生きてきた」という事実の姿を綴っていこうと思う。

1　高校時代（担任、学年主任、進路指導主事、教務主任、教頭、校長）の35年間と短期大学（教授、学長）の9年間

　東京の私立の中高一貫校に勤務していたが、福岡県にUターンしてくるまで、福岡県の教育現場の異常さを全く知らなかった。

　昭和40年頃から平成の初め頃までは、日教組の御三家とまで称されたように「日教組（福岡県の高校では高教組という）の組合員に非ずんば教師ではない」と言われるほど、各高校とも日教組の組合員で牛耳られており、組織率も9割を超えていた。各県からUターンしてきた組合員ではない私たちは組合への加入の強制や脅し、嫌がらせを毎日のように受けていた。管理職採用試験反対、校長着任拒否闘争や新任教員研修反対、年休闘争などとエスカレートしていく中で、組合の分会長や青年部長をはじめ、組合員十数名から小部屋に引きずり込まれ、恫喝、罵詈雑言、脅迫の言葉を投げつけられ、組合の加入届に押印するように取り囲まれていた。体が触れる所まで近づいて、まさに一触即発の雰囲気である。私は大学時代に学生運動の渦中で過ごしてきた経験があり、特定のイデオロギーに凝り固まった集団同士の抗争の激しさが身に沁みていたので、何十人から取り囲まれ

　ようが角材や鉄パイプも持たない組合員など怖くはなかった。やられたら
やり返す気構えでいた。大学時代に合気道部で鍛えた得意技で、分会長、
青年部長などの肩ぐらい本気で外してやるぞとの覚悟だった。後ろで取り
囲んでいた組合員も私の殺気を感じていたのか、暴力行為には出てこな
かったが、朝の挨拶一つにしても誰も挨拶してくれないし、1日中声一つ
かけてくれない日々の連続。しかし、威圧的な態度や無視を続けながら組
合員を増やす日教組の遣り方に憤りを感じていた。組合としての将来が見
えたように感じていた。新聞やテレビなどのマスコミは校長着任拒否闘争
など大規模のストライキは報道するが、このような異常とも言える陰湿な
教育現場の報道は一切なかった。この頃、日教組の遣り方に批判的な「教
職員の研修」を重視する組合（最初は「新教組」と称し、現在は「福岡教
育連盟」）が発足していた。私は数年後、この組合の情宣次長や組織部長
をしていたために初任校の筑紫高校から転勤した筑紫丘高校では手荒な歓
迎を受けることになり、筆舌し難い日々の連続だった。44年間の勤務の中
で、筑紫丘高校での勤務が一番苦しいつらい日々だったように思う。

　しかし、どのような恐怖や憤り、苦難の日々であろうとも、人はやはり
人と出会うことで人となるということを痛切に実感した日々であった。

　このような逆境の日々であったが、2人の校長と出会ったことが、教師
魂としての筋金入りの道筋を教えていただいたように思う。

　最初に赴任したのは県下で十数年ぶりに新設された高校で、1期生の生
徒も360人の1クラス。教師も校長、教頭入れても十数人。校舎も建築中
で、体育館も食堂もなし、グラウンドには土が山積みされたまま。あるの
は管理棟と一棟の校舎のみ。重松直初代校長は哲学者でもあり、全校集会
や職員研修の時には「教師とはただ単に先生達だけを指すのではなく、生
徒諸君も皆教師でもあるんだ。教育は EDUCATION と言うが、EDUCE、
つまり引き出すという意味が込められている。つまり仲間の持っている長
所、個性、素晴らしさを見抜いて指摘し合い、仲間の成長を手助けすると
いう点で、生徒諸君も先生方も同じ教師と言えるんだよ」と語りかけてい
た。この話を聞くたびに、私は大学時代に心酔していた広瀬淡窓を思い出

していた。大分県の日田市で『咸宜園』という私塾を経営した幕末の漢学者であり、漢詩人でもあり、何よりも教育者である。『咸宜園』という名前も『詩経』の玄鳥の一部に見える言葉で『殷命を受く咸宜（ことごとくよろし）、百禄是れ何（にな）う』と表現されていて、『ことごとくよろし』とは、すべてのことがよろしいという意味で、士農工商という厳しい身分格差の時代なのに、武士だろうが、町人、農民だろうが、身分に関係なく、人間なら誰しも何か素晴らしいものを持っているという意味でその人々の良さを見抜き、伸ばしてやるべきだという考え方である。初代校長の言葉も広瀬淡窓の考え方と同じようなものであり、教師たる者こそ名伯楽たらんと志すべきだと感じ取っていた。

　2代目樋山波三郎校長はシベリア抑留生活が長く、同じ部隊の多くの戦友を失うという体験の持ち主だった。残りの人生のすべてを教育、それも若い生徒を本気で育てて卒業させるという気迫が籠っていた。強い鋼のような精神の持ち主だと感じていた。高教組との校長交渉にも毅然とした姿勢で対応されていた。逃げの姿勢は微塵もないことに深い感動を覚えたものである。樋山校長は数学教師の重鎮で「教師たる者は教科書だけで授業するものではない。授業では教科書が中心だろうが、教科書だけで学力なんて伸びはしない。教科書の厚さに負けないほどの参考資料や手作り資料を準備してこそ授業になるものだ。教師は授業が命だと言うが、命を賭けるほど十分な教材研究をやっているのかを自分に問うてみるがいい」と「授業への気迫」を常々に語っていた。いつも耳が痛くなるような気がした。その凛とした姿や教師魂には圧倒されていた。この2人の校長との出会いこそが私の教師としての原点となり、筋金の入った精神力や発想力、澄みきったような感性を教わったことにただただ感謝のみである。

　そこで、日教組の組合員と対峙しても、組織率で問題にならず、勝負するならば「授業だ」と県下の仲間十数人と一緒に始めていた「教材の創り方」と称して、使用している教科書、副教材、定期考査問題、校内の模擬試験問題を持ち寄って、10年間いろんな角度から検討し合っていた。大手出版社からの依頼で古典教材の副読本を作成したり、校長の許可をもらっ

てＢ社の全国模擬試験問題の作成に協力した。特に大手Ｓ予備校とＢ社とのドッキング模擬試験問題作成では、8月10日以後、高校での補習授業が終えてから5泊6日かけて岡山県の山奥の旅館に缶詰にされた。高校2、3年生用の7月、9月、11月実施の問題を作成した。茨城県、埼玉県、岡山県、熊本県などの進学高校から6人が集められ、現代文の小説、評論、古典、漢文の4つの問題をそれぞれが作成し合った。この経験は教材研究としては非常に参考になった。振り返って思えば、44年間の教師生活で生徒たちを相手に「授業で勝負」した21年間の日々こそが、教師として最も楽しい日々であり、生き甲斐が凝縮された日々だったと思う。

　管理職になったら、また別の苦悩の連続だった。教頭の時は県教育委員会の高校教育課の「改革推進室」に所属し、「総合学科」の県下で最初に設置導入の担当者。校長の時は、これまた県下で最初の「中高一貫校」の設置導入の担当者。両高校とも地域住民の反対行動、小学、中学、高校の日教組の組合員の怒号と反対行動で苦労した。しかし、教育行政の担当者の方々や主任主事の先生方のご協力のおかげで使命を果たすことができた。

2　定年を前に考えていたことと実践

　私は高校、短大と2回定年退職をしたが、どちらも定年を記念して歌集と小説の出版を考えていた。大学時代に宮柊二先生や岡野弘彦先生から指導を受けていた短歌を創り続けていた。歌集『天のまほろば』（埼玉文芸家協会賞の優秀賞）、小説『夢の年輪』（地上文学賞の次点入賞）、『濾過された時間』（長崎文学コスモス賞の優秀賞と新風舎版の新風舎出版賞のダブル受賞）で、小説『節くれの指』と歌集『天のまほろば』を高校退職時に出版。短期大学の退職を前に、小説『天の眼　山上憶良』（日本文学館大賞の最優秀賞）を出版し、『悲しみの絆』（長塚節文学賞の佳作）、『まぼろしの声』（文芸思潮社の銀華文学賞入賞）などと、退職を創作実践で終えた。毎年、金曜日から日曜にかけて徹夜のような創作活動だった。

　69歳で再退職した後は「もう組織に属した仕事は一切しない」と今では200坪ほどの畑で失敗しながらも気楽に農作業を楽しむ日々である。

第3章

挑戦は終わらない

―第二の人生を充実させる
生き方・在り方

回顧と展望

1　現役時代

　昭44年3月に県外の国立大学を卒業、4月から琉球政府立八重山高校で教師のスタートを切った。その頃は、米国施政権下に置かれ、進学を志す沖縄の高校生たちは、県内の琉球大学を始めとする大学や短大に進学するか、パスポートをもって県外の大学・短大に進学していた。昭和47年5月に祖国復帰が実現し、琉球政府立高校は沖縄県立高校に名称替えした。

　その後、4つの高校に勤務し、教諭としての勤務は計25年であった。学校では担任以外に、生徒指導部生徒会担当、教務部教育課程担当、時間割係、進路指導部資料係、学年主任、進路指導部主任などを経験した。進路指導部に計15年所属し、職員・生徒・保護者への進路資料提供、学習時間の確保、進路の早期決定、生徒たちへの激励・相談・支援を実践した。

　特に、昭和63年に鹿児島県3校、宮崎県2校、平成元年に富山県3校の先進校視察のチャンスがあり、教育課程、進路指導、生徒指導、学年会経営等について、多くのことを学び、その後の私の実践の「鑑」・「推進力」になった。当時お世話になった8校の先生方には深く感謝している。

　管理職試験合格後、平成6年から3か年間、県教育庁高校教育課指導主事になった。主な担当業務は、数学教育、県教職員の研修事業のとりまとめ、学力向上対策などであった。

　その後2か年の教頭、県教育庁県立学校教育課主任指導主事、課長補佐、県立教育センター教育経営研修課長の後、県立本部高校と県立首里高校の校長を歴任、最後の1年間は、県立総合教育センター所長を務め、定年退職した。校長在職中に目指したことは、次の4点であった。

　①文武両道をめざし、活気ある学校づくりの推進

　②教科指導・進路指導の充実並びに学力向上対策の推進

③学年会の活性化並びに学年会と校内組織の連携強化

④校内諸課題について、計画的・継続的な工夫・改善

2　退職後（60代）

　私は平成19年 3 月31日定年退職して本年で14年目になる。60代の10年間は、大学非常勤講師 5 年、同窓会副会長 8 年、退職校長会副会長 4 年、教育センター友の会会長 2 年、老人クラブ役員 2 年、講演会講師等10年、県高等学校実践研究会幹事 3 年、高校 PTA 進路研究会顧問10年、退職校長会進路研究部会会誌編集委員長 2 年など、学校や県教育委員会への協力、教師を目指している学生たちへの指導並びに住んでいる地域活性化への協力活動など充実した日々を過ごしてきた。以下に詳細を述べてみる。

　○退職後すぐに琉球大学理学部数理科学科の非常勤講師になり、教職志願の学生たちを対象とした「教科教育法」を担当した。 5 年間勤務した。

　○退職後、本県の高等学校の生徒たちの「進路実現」を支援する活動（資料作成・提供）を継続的に行ってきた。高校の保護者、生徒及び教職員対象の講演、地区 PTA 研修会の指導助言、全国高等学校 PTA 研究大会研修会の指導助言、県外の研修会における講演など、延べ64回の講演や指導助言の機会をいただいた。

　○平成19年退職と同時に、勤務校の PTA 役員経験者や PTA 現役役員と「高校教育を語る会」を結成し、高校教育充実策や PTA 活動の活性化を目指した「語る会」を月 1 回開催してきた。平成30年、会員を那覇地区全体に広げ、「高校教育を語る会」を研修団体「うちなー（沖縄）の進路教育を語る会」に名称替えした。平成30年 3 月には、『進路指導・家庭教育研究』（会誌第 1 号）を発刊、全県の高校 PTA 会長に贈呈した。現在、第 2 号発刊に向けて取り組んでいるところである。

　○平成23年、母校の養秀同窓会副会長に就任、現在10年目になる。その間、同窓生の親睦事業、母校の後輩のための育英奨学金関係の業務を担当している。特に、10年前の創立130周年記念事業の一環として、県内外の大学進学者対象の貸与型奨学金制度をスタートさせ、現在軌道に乗ってい

る。母校であるとともに、教諭及び管理職として延べ11年勤めた学校の生徒たちへ多少なりとも役立つことは大きな喜びである。

○平成23年3月に、校長退職者有志8名で、学校支援のあり方について話し合い、4月13日に「沖縄県21世紀の人材育成をめざした進路指導実践研究会」を設立し、私は事務局長に就任した。

同会の事業として、平成24年8月10日～12日に「難関大対策セミナー」を全県の高校生対象に開催した。平成25年度は若干名の新規会員も加入し、「進路実現チャレンジセミナー」を8月に開催した。この事業は、県教育委員会の後援を受けてスタートしたが、平成26年度から、県教育委員会の主催事業として充実発展し、研究会は協力団体に変わった。

○平成25年、本県高等学校退職校長会の副会長を4年間務めた。会長を中心に、役員のチームワークで、約500名の会員の親睦、部活動の支援、会員の叙勲・褒賞及び県功労賞受賞を祝う会の企画、会則の見直し等に取り組んだ。

○平成27年、本県高等学校退職校長会の活動の一環として、進路指導研究部会を発足させた。進路指導関係資料の収集・共有、進路指導のあり方に関する研究、学校支援（激励、情報交換、支援等）を目的として、会員の現職時代の体験資料や収集した進路指導資料などを持ち寄り、共有化を図り、資料集編集を行った。平成30年秋に『進路指導資料集』を刊行し、全県の高校に贈呈した。現在は、第2号作成を計画中である。

○平成28年、地域の老人クラブの副会長に、翌29年からは会長に就任し、会員相互の親睦、健康増進、地域社会との交流、生涯学習等、地域のシニア世代の生きがいづくりを目指した会運営に努めている。現在、会長4年目である。

○進路指導等の講演・指導助言、進路指導資料集作成などを取り組むときには、どうしても"最新データ"を継続的に収集しなければならない。そのため、私は、毎年、文科省HP、厚労省HP、大学入試センター、総務省HP、県教育委員会HPなどから、大学入試や就職関係のデータ、学校の取組状況を入手し、整理している。

3　将来展望（70代以降）

　退職後の10年間は、ゆったりできると思っていたが、定年まで無事勤めあげることができた学校や地域・関係機関への"恩返し"がしたいという思いで突っ走ってきた。今後の抱負を列挙してみる。

　○養秀同窓会副会長として創立140周年事業を進めているところである。育英関係の担当として、新たに、給付型の育英事業（難関大進学者支援、医歯薬学部進学者支援、高校生の海外留学者支援）をスタートさせるべく資金造成の旗振り役を務めているところである。

　○「うちなー（沖縄）の進路教育を語る会」活動は、会員を増やすとともに、各学校のPTA活動の活性化に参考になるよう毎月の「語る会」の話題の充実を図りたいと思う。

　○退職校長会（春秋会）進路部会の活動も会員増を図るとともに、定期的に資料収集・情報交換・共有化をはかり、『進路指導資料集』の第2号、第3号…を隔年で刊行したいと考えている。

　○地域の老人クラブ活動については、120名いる会員の健康増進、交流活動、生涯学習に関する活動等について、三役、班長のチームワークの元、一層充実させたいと考えている。

　○山口・九州の先生方と情報交換する「山口・九州地区数学教育実践研究会」が宇田津一郎先生の呼びかけで結成され、私は初回から参加した。現役時代から20年間、毎年2回、当番県のほうに出かけていって、各学校の数学教育の取組、進路指導の現状・課題について、有意義な情報交換・研究協議を重ねてきた。毎年2月には会誌（現在20号）を発行している。

　研究会創設から20年たち、退職会員が増えたことから、休会にして再び立て直すことになった今後、継続発展することを期待している。

　○健康管理に留意しつつ、学校教育の活性化、PTA活動の活性化並びに地域社会の発展に寄与すべく、「来るものは拒まず」「引き受けたことは最善を尽くす」をモットーに、人生のパラダイスを生きていきたいと考えている。

老後は古里で文武両道の田舎生活

元大分県立大分豊府中学校・高等学校校長　**丹生長年**

1　はじめに

　小学校3年の初恋（片思い）から高校3年での失恋、そのことがきっかけで読書に目覚め、更には大学で文学を専攻するに到りました。

　幼い頃から祖父母や両親に勧められ故郷で教師になることを漠然と考えていましたが、大学4年になって改めて自分の将来の職業について実際的に考えた時、「社会全体のために自分を生かして働くことができ、生涯にわたって自分を成長させていける教職が自分には一番向いている」という結論に達し、大学卒業と同時に東京から故郷へ帰って来ました。

　昭和48年大分県の高校教諭に採用され、平成22年3月に定年退職し、私立学園に再就職して11年が経ちます。71歳を過ぎて人生の次のステージを考える時が来たように感じつつ、この原稿を書いています。

2　現職時のこと

（1）第1期（20代）―初任校と2校目の高校での勤務―

　私の授業に対する生徒たちの率直な批判や励ましは、教科指導力や生徒理解力を高め教師として成長していくための貴重な情報源であり刺激であり原動力でした。「生徒から学ぶこと」の大切さを実感しました。

（2）第2期（30代）―2校目から3校目の高校での勤務―

　学級担任3巡目、クラス経営や教科指導などで自分なりのことが少しできるようになった時期です。「生徒の可能性をとことん信じて関わること」は重要でした。やる気がない、不登校、成績不振の生徒も、どの生徒も心の奥底には「もっと良くなりたい！」という欲求を秘めているからです。

（3）第3期（40代）―4校目母校での勤務―

　心身共に一番無理が利き、これまで蓄積してきた実践やアイデアや経験

を存分に活かすことができ、充実した時期でした。また、母校であり地元であることから、燃えて教育活動に取り組むことができ、得たものも多く、私の教師人生の大きな転機になりました。

　9年間で特活（兼クラス担任）、指導、進路、教務兼中高一貫の四つの分掌主任を経験し、日本で三つ目の連携型中高一貫教育の立ち上げにも大きく関わりました。おかげで、外からの視点で学校を見られるようになり、広い視野で「地域に根差した学校づくり」の意識をもって教育活動に励みました。また、国内と海外の英語教育研修への参加を契機に英語の授業は英語で行うようにすると、生徒の授業への集中力が増しました。また、進路指導や生徒指導は、学力だけでなく生徒の特性や家庭環境までよく理解して、一人ひとりに応じて行うもの、その奥深さと醍醐味を先輩や若い先生方から実践的に教わりました。

（4）第4期（50代）—教頭・校長として4校で勤務—

　校長のリーダーシップが求められ、評価システムの導入など教育や社会の急激な変化の中で、特に教育目標を明確にしその目標を達成するための現状分析と具体的方策の策定・実践に注力しました。「高校生のマナー」の浸透が飛躍的な学力向上に繋がるという教育的成果も経験しました。

（5）定年退職後を考える

　退職後はとにかく郷里へ帰る、両親の住む実家に暮らす、非常勤講師等しながら家のことや地域貢献をする、この三つを考えていました。それ以上のことを具体的に考えたり活動する余裕はありませんでした。

3　定年退職後のこと＝私立学園への再就職

　退職前の12月、かつてご指導を受けた先輩の先生から勧誘を受け、学校法人後藤学園に管理職として再就職し、大分市に残ることになりました。

　学園には専門学校6校、高等学校1校、幼稚園2園、そして福祉施設や老人施設があり、更にそれらすべてを統括する学園本部事務局があります。

　私は学園本部事務局勤務2年間、専門学校2年間、その間に約1年間障がい者福祉施設の立ち上げに携わり体調を崩した時期もありました。

その後、学園本部事務局総務を担当することになり6年間、学園の人事と研修、職員の健康診断、広報紙の編集責任者など様々な仕事に携わっています。この2・3年は、働き方改革や就業規則の改訂など最近重要になって来た雇用や労務管理も担うようになっています。定年退職まで全く縁のなかった、社会保険労務士事務所や弁護士事務所、労働局・労働基準監督署やハローワークにもよく出入りしています。

　現職の時には全く関わりのなかった分野の仕事をいろいろ経験することで、改めて自分の可能性に気づくことがあり、また広く社会勉強ができてまだ成長を維持できてるなと実感することもあります。

4　今改めて思うこと

（1）再就職をして良かったと思うこと

　まずは、新たな社会で働くことで公務員の世界を外から客観的に見つめ直すこともでき、随分視野が広がった気がします。二つ目は、新たな仕事を与えられ、最初は戸惑いながらもそれができるようになる自分を発見することは喜びであり自信にも繋がります。三つ目には、ストレスや疲労感もありますが、達成感や充実感、体のスッキリ感を日々感じることができます。また、人格を磨くための学園の研修の一つである居合道との出会いは、趣味となり心身を鍛える手段ともなり、11年間続けてきて只今5段、生涯の趣味となりそうです。

　再就職により違う世界を経験でき、改めて多くの出会いや発見や学びや刺激があり、日々減り張りのある有意義な時間を過ごせたと思います。

（2）やり残していること

　一方で、実家のこと、家族や自分自身に関すること、そして故郷への貢献のことなどやり残していることが多々あります。これまでは仕事が最優先となり、他はすべて後回しにしてきた感があります。次のステージでは、自由な自分の時間の中でこのやり残したことをしっかりやって行くことが、自分の人生の仕上げであり生き甲斐にも繋がると確信しています。

（3）田舎に在る実家のこと

　この11年間は、発展目覚ましい大分駅近くに一軒家を借りて妻と二人で住んでいます。一方、私の実家は市内中心地から50キロほど離れた田舎にあり、その人情豊かなコミュニティは少子高齢化・過疎化がすごい勢いで進行しています。かなり広い敷地に未だあまり古くない大きな田舎家があり、それに付随して先祖からの田畑（耕地整理済み）や山や墓があります。両親が生きている頃は月に二、三度帰っていましたが、数年前両親が亡くなってからほとんど毎週土日は妻と共に帰って家に風を通し、家の周辺の草刈りや庭木の剪定など環境を整え、畑には野菜を植え、孫たちが来る時は必ず実家で迎え田舎の自然を満喫させることにしています。

　現在では非常に古い考え方なのでしょうが、私は田舎に生まれた長男坊、いわゆる跡取り息子であり、古里への思いも強く持っています。いずれ田舎の家を継ぎ、家の一部を建て替え、家・屋敷を快適に管理し、畑仕事等しながら、家族や地域の人たちや自然との関わりを大切に心豊かな生活をしたいと考えています。これが私の老後の希望論です。

（4）老後の生活設計について

　今の仕事をリタイアし、少しだけ余力を残して郷里に帰ったところから、私の人生の第3ステージの「老後」が始まります。

　私の思い描く老後の生活の基本は、「文武両道の田舎生活」です。1日を大きく半々に分けて、午前中は家でメンタルワーク（文）、午後は外（畑等）でフィジカルワーク（武）の生活です。スケジュールを立て、午前中の3時間は、やり残した英語や漢字の学習、更には庭木の剪定や野菜作り等についても勉強する。午後は3〜4時間、畑仕事や草刈り、山の下刈りや周辺の環境整備とボランティア活動などをする。早朝と夕方には、健康づくりを兼ねて趣味の居合道やウォーキングにストレッチ・筋トレを組み込む。日曜は余暇とし休養一番で自由に過ごす。余力があれば山登りや遠出もする。折に触れ地域貢献をする。

　老後は健康な心と体を保つ努力、自立、生活のリズム、緊張感、絆感を大切に、人生の目標や指針を持ち続け前向きに生きていこうと思います。

"退職後ライフ" の関心事

元大分県立安心院高等学校校長　**佐藤裕哲**

　先生方、"退職後ライフ" をどのように過ごそうとお考えでしょうか。

　私は、2012年3月の定年退職後、大学で特任教授を務め、現在、他大学を含め非常勤講師をしています。また退職後、大学院に入学し、現在、博士後期課程に在籍している現役の "院生" です。そして、知人から声をかけていただき保護司を仰せつかっています。これから、私の "退職後ライフ" を①大学教員、②大学院生、③保護司の3つの分野に分けて、話を進めてまいります。

　その前に、私の教員生活を振り返ってみますと、"退職後ライフ" と繋がっていることがわかります。1998年に大分県で開催された「国民文化祭」の事務局に指導主事として参画しました。この時期は各種芸術文化団体や自治体職員の方々との打ち合わせや会議に忙殺され、特に海外の楽団の招聘に関して大使館の方と "外交折衝" を行うなど、そのすべてが初体験の連続でした。その後、県教育委員会指導主事や校長として中高一貫教育に関わり、安心院高校では、文部科学省の「研究開発学校」の指定を受け、小中高12年間を見通した教育の構築に取り組んできました。したがって、小中学校の先生方との協議や研究授業への出席、地域住民の方々との交流など、まさに "連携とは何か" を考えさせられ実践した毎日でした。

　このような経験が、まさか大学教育に繋がるとは考えもしていませんでした。大学においても「高大連携教育」や「高大接続教育」が重要な課題であり、"連携" や "折衝" の経験が生きる場となりました。大学での授業に臨む中で、高校から大学への階段は、個々の大学生で様々であることに気づきました。滑らかなスロープを登って入学した者、階段というより崖をよじ登って入学した者など様々で、ここでも高校と大学の本当の "連携" や "接続" をどのようにすればよいかを考えさせられました。このよ

うな折、「カタリバでキャリアを拓く」[1]という授業に参画して、大学生の“主体性”の醸成過程に接することができました。この授業は、大学生が高校生と“ナナメの関係”で互いに現在や将来のことについて語り合うことで、高校生の自己啓発を促し、結果として大学生も自己を見つめ直すことができるというものです。授業は、そのコミュニケーションをどのようにすればよいかを実践的に学ぶことに主眼が置かれています。授業後もこの授業運営に関わりたいという学生が現れ、高校生に憧れられる存在になることで積極的になっていく姿を見るにつけ、両者の変容に繋がることが“連携”の実像だと感じた次第です。“連携”や“接続”を口にすることはできても具体的なことに踏み込むと、うまく説明できないものです。この授業に参画することで、“退職後ライフ”のスタートとして新たな教育の在り方を学ぶことができ、まさに“教学一致”を体得できた瞬間でした。

　次に、“退職後ライフ”として、もう一つ大きな出来事があります。それは、大学院生として学び直しをしていることです。退職時に生徒や教職員に「安心院高校のある地域のことをもっと知りたいので、これから大学院でもう一度勉強をしたい」と、“宣言”しました。

　高校現場では、地域のことが見えていると自認していましたが、よく考えてみると、地域のことがまだ見えていないことに退職直前に気づきました。その地域の児童生徒の減少は、紛れもない事実であり、高齢化や地域産業の衰退が目に飛び込んできて、“地域に立脚した学校”の足下が危うい状態だと強く感じていました。なぜ、地域の衰退は進むのか。状況を理解しているつもりでも、そのメカニズムやプロセスを的確に説明ができずに、児童生徒の減少をただ受け入れていたのです。もちろん、定員を確保

1　大分大学では、高校生向けのキャリア教育で認定NPO法人カタリバ（2001年設立）と教養科目「カタリバでキャリアを拓く」を2013年度より開始した。授業としてカタリバを取り入れたのは全国初である。本授業のキーワードは「ナナメの関係」で、タテ（親・教員）でもヨコ（友人）でもない、年齢が少し違う（ナナメ）大学生と高校生の対話によって、両方の主体的なキャリア意識を引き出し、キャリア教育における高大連携の新しいモデルを構築している。出典　http://www.ees.ec.oita-u.ac.jp/gp/8-katariba.html（最終閲覧2021.2.7）

するべく中学校や教育事務所、当該教育委員会に何度も何度も足を運びました。そこで、真正面から地域の現実を見つめることで、"地域に立脚した学校"の土台の再構築に遅まきながら貢献できるのではないかと思い直し、大学院の入学を決意しました。

　大学院では、地域経営を専攻し、「中山間地域の集落機能の低下過程に関する研究」や「移住者の受け入れと集落の維持再生」をテーマに、昼は大学教員、夜は大学院生として"二足のわらじ"の生活が現在もなお続いています。漠然と目に入っていたことを一つひとつ突き止めて行く作業に、達成感を感じている自分に気づきました。そして、指導教員をはじめ、社会人院生・留学生や院生OBの皆さんと新たな繋がりができ刺激をもらい、ゼミでの研究テーマの発表の準備に多くの時間を当てています。

　ところで、なぜ、集落は先細りし限界集落が出現するのでしょうか。

　ここで、私の研究テーマ「中山間地域における集落機能の低下に関する研究」の一端を紹介します。高度経済成長期の産業構造の変化は、人々を農山村から都市へ流出させ、生産や生活の舞台である農山村の基盤を弱体化させ"過疎"が常態化しました。そして、高齢者が滞留し諦観も拡大していきました。このことは、大分県内の中山間地域の集落も例外ではなく、人口減少や農林地の荒廃、商店やガソリンスタンドなどの廃業、買い物や通院が困難な高齢者の存在など日常生活の困窮度が増しています。

　個々の集落でのフィールドワークを行い、高齢化率や独居老人世帯数、農家戸数、農業就業人口、在村非農家数、後継者の有無など、農業集落カードや国勢調査などのデータから集落を類型化してみました。集落内では、生産活動や住民生活について、住民は寄合の場で協議をしてきましたが、農林業の衰退で生産活動に関する議題は減少し、一方、住民生活に関する議題は増えてきていることがわかりました。集落機能の低下を個別に一定の時間的枠組みの中で考察することで、低下時期の具体的諸相を発見でき、機能低下の過程は、集落毎に異なることがわかりました。集落人口は、生産や生活の活動が維持できなくなった時期かその前後に急減しています。また、集落機能の低下の速度や状況は、集落外からは見えづらく、

客観的な眼で丁寧に対応することで集落維持再生や創生時期の把握が可能になると考えます。

　住民にとって生活（ライフラインの維持、移動手段など）に支障が出るということは、居住環境を悪化させ生活環境維持の喪失に繋がると考えられます。集落活動の低下時期を特定することで集落機能は段階的に低下し、その下げ幅は、集落規模の縮小の程度や時間的速度、住民の集落内の活動や行事、また共同作業の縮小・喪失などに連動することがわかりました。

　このような状況の中、都市部から農山村に興味関心を持つ交流人口や関係人口と言われる人々が増え、農山村の注目度は高まっています。また、農山村に移住する人々が増えてきていることも事実で、このような動きは「田園回帰」と言われ、地方創生の動きとともに活気をとり戻している自治体も増加しています。農山村の現状を客観的に把握することは、農山村の維持再生だけでなく、教育環境の維持再生にも示唆を与えてくれるように思います。

　さて、最後は、保護司についてです。退職したら、社会のために自分ができることをしようと考えていました。大学での私の授業では社会人聴講生が毎年受講され、その向上心に頭が下がります。その中で同年配の女性は、受講後、子ども食堂を立ち上げ精力的に活動しています。社会に対して何かしなくてはと思い、立ち上げたそうです。この女性に感化されたわけではないのですが、私も知人からの勧めもあり保護司に応募しました。保護司の方々の経歴はさまざまで、教員の世界しか知らない私は別次元の世界に遭遇しています。また、研修内容は重いものがありますが、対象者をどのようにしたら社会に受け入れることができるのか、模索する毎日です。

　今、退職して想うことは、自分のために自由に時間を使うことができることの有り難さと、自分が社会の中の一員であることを改めて実感しているという点です。"退職後ライフ"に身を委ねると、現職の時に考えたことや疑問に感じていたことを納得できるまで明らかにする時間があることに気づきます。人生100年時代と言われますが、その時間は有限です。そして健康が必須です。皆さんのご活躍を祈念しています。

ビクトリーロードへの誘い

元佐賀県立白石高等学校校長　川﨑光春

1　「夢」は生きる知恵

　我が家の玄関に「夢」と大書した額を掛けている。かれこれ38年も前になるが、早稲田大学総長の西原春夫先生から、著書『道しるべ』（講談社）をご恵送いただいた。その本の扉には、「夢　現実　その中からまた夢を」の揮毫があった。なぜ夢なのか。「夢は生きる源泉、夢を持ち続けることは生きる知恵である」に辿り着く。玄関の額は、先生の言葉を人生の手引きにする意思表明であった。以来、毎朝この「夢」を眺め、今日の現実に対処し、夢に向かう覚悟を決めて家を出た。絶壁に立たされた時も先生の教えが道しるべとなり、雲が散り霧が晴れて行く手に小径が広がった。おかげ様で身に余る果報の定年退職ができた。

（1）「夢の城」の築城（校長時代）

　平成12年春、母校の校長を拝命。担うべき重きもの、それは先人の偉業であり、母校そのものを担うことであった。高校再編計画が進む中で志願者は減少、定員割れの危機的状況に直面する。創立100周年を迎えようとする伝統ある城を落城させるわけにはいかない。生徒・保護者・教職員そして地域の人が故郷の海、山を思慕するがごとき城を築こう。見上げる城は無理だが平地で往来は楽だ。何かにつけて足の向く平城を築こう。

　「夢　現実　その中からまた夢を」のスタートである。

（2）「夢を形に」を標榜

　「夢の城」には生徒、保護者はじめ多くの人が「○○の高校」と口にしてくれるスローガンが必要と「夢を形に」を考案、提唱して決めた。

　「夢が青春を作る」という。未来が現在を作るということ。未来の夢や希望は、現在の私たちに大きな影響を与える。夢があるから今を頑張れる。つまり、未来の夢が今日の生き方を決定的に決めてしまう。青春とは過去

が短く、未来が長い時代のことである。したがって昨日が今日を作ること以上に、明日が今日を作ることの方が何倍も重要だ。未来を考えることは夢を抱くこと、夢は現在を動かす大きなエネルギーとなって働く。夢を持つことは高校生活を創り、現実生活を充実させる。誰のものでもない自らの夢を誰もが認める形として現実のものにできるとすれば、なんと人生は素晴らしく幸せなことではないか。

（3）「多彩な戦略」援軍の集結

　夢を形にする城は、安心・安全、快適な環境でなくてはならない。県は教室等の大規模改修、校内LAN整備を支援。地域は、猛暑と改修工事の騒音で特課に集中できない生徒を思い、施設の会議室、大広間を提供いただく。一方、PTAは授業効果が落ちることへの憂慮から、エアコン設置を97％の賛成で可決し、費用一切を負担した。厳しい条件下であったが、県内初の普通教室棟へのエアコンを完備した。「中高大ジョイント講座」は近隣4中学校が出前講座に応じ、大学は佐賀大学を中心として教授の招聘を快諾。文化祭の郷土芸能の浮立は地域有志が指導、生徒との共演でオープニングを飾る。同窓会は、全国高校駅伝競走大会などのスポーツ振興、奨学生制度での学習支援等々、関係者こぞっての多方面からの絶大な援助協力が、「夢の城」の進撃を加速させた。

（4）「夢の城」の勝ち鬨

　大学入試センター試験の受験率は90％越えで、国公立合格も在籍者の3人に1人の70人に迫る勢いをみせた。私立大学も早稲田・慶応はじめ関西・九州の難関大学に多数輩出。平成14年「第53回全国高校駅伝大会（男子）」は準優勝の金字塔。全国大会、九州大会出場の剣道部、バスケット部。入学希望者は増加、第1次再編の波も乗り越え、落城せずにすんだ。この間、誰一人として落後する者はなく、今各界の第一線で活躍。夢の城は生徒が「伸びる城」、先生が「育つ城」との評価を得た。それもこれも関係者の「夢の城」への熱い思いと献身的尽力の戦果である。おかげさまで「夢を形に」は市民権を獲得、学校の名声と共に人口に膾炙されることとなった。今や、テレビのコマーシャルにも登場、街中の看板にも見かけ

るまでになったが、平成12年の校長就任時の作であり、決してパクリではない。あくまでもオリジナルであることを付記しておきたい。

2 「風車」風が吹いたら回る（退職後）

　定年退職後は、「風車」の生き方が上等と考えていた。風が吹くまで昼寝と洒落込んだが、風は無情にも吹きまくった。公私立高校、専門学校、町当局等からのお誘いだ。良くも悪くも38年を教育に没頭、振り子のごとく家と学校を往復した。未練も残り風を受けて回る選択もあったが、ひと息入れたいし、走って来た本道から脇道に入り、未見の風物を楽しむ魅力も捨て置けぬ。「何でも見て野郎、やって野郎」と自分らしい型破りな生活様式を求める方に転換した。専門家の貢献が科学、文化を進展させたこと、教育こそ国の柱石なること、その重要性は語るまでもない。しかし、次元の違う世界に身を投じて新境地を開き、「自らの生活とご恩返しの地域貢献とのバランスの中に喜びを実感できれば良い」と得心した。

　『バカの壁』の著者、養老孟司さんは、「新しいものを追いかけるのは動物の習性。人間はその習性が非常に強いと言われる」と言い、「根本にあるものは MORE」と言う。昼寝では脳は活性化しない。予定以上の何かを手に入れると脳が快楽物質を出すらしい。風が吹けば期待をもって回る生き方が良いようだ。因みにドーパミン回路が活性化して脳が喜んだ主な職歴・活動歴は下記のとおりである。多種多様を求めていたところ思いがけなく声をかけていただき有り難く充実していた。「夢の城」築城の際にできた各界の人脈が、定年後に彩りを添えてくれるとは思いもしなかった。

61歳〜64歳：県高等学校長協会事務局長・県高Ｐ連事務局長・県東京宿舎
　　　　　　「松濤学舎」入所者選考委員・佐賀市奨学生選考委員

66歳〜69歳：看護学校講師

66歳〜71歳：町教育委員会評価委員

67歳〜現在：県議会議員後援会事務局長

71歳〜現在：白石文化協会副会長・佐賀県立白石高校同窓会副会長

71歳〜74歳：地区新高校設置準備委員会委員

71歳～75歳：町駐在員・区長　会長（1年）・町社会福祉協議会評議員

72歳～73歳：佐賀バルーンフェスタ世界大会実行委員・町国土利用計画審
　　　　　　議会会長

72歳～76歳：町管理保育園評価審査委員会委員（民営化に伴う審査）

73歳～76歳：町老人クラブ連合会副会長　77歳～：白石文化連盟会長

3　ビクトリーロードへ

　我が国は今、百寿者が7万人に迫る長寿国である。定年退職時は有終の
美を飾ったつもりでいたが、喜寿までの行程を振り返ると60歳定年は人生
の中間点のような気がする。まだ先は長く、ひと仕事もふた仕事もできる
し、社会の要望でもある。先達はあらまほしきことなり。夢に向かって走
るも良し、夢を抱いて歩くのも良し。とにかく昼寝で過ごすには先が長す
ぎる。風車のように風が吹けば回ってほしい。未知との出会いで視野が広
くなる。そして、その視界の先にビクトリーロードが用意されている。

4　「脇道の効能」山水塀画

　趣味として水墨画教室に通って10年余りになる。これも未知への挑戦の
一つであるが、佐賀市の浄土寺の塀（66m×1.8m）に山水を描くことに
なった。教室の尹雨生先生の指導を仰ぎつつ2人で1年余をかけて完成さ
せた。大通りを行き来する人が足を止めて観てくださること、暑い日の差
し入れ、テレビ、新聞各社の取材も嬉しかった。脇道にも夢想だにしない
幸せな展開があるのだ。脇道の効能とでもいうべきか。

塀に雪の山水を描く尹雨生先生と筆者。賑やかな子ども達に勇気をもらう

私の人生の体験と学び

元宮崎県立宮崎西高等学校校長　宇田津 一郎

1　私の大学卒業後から定年までの教師人生

　私は大学卒業後、研修として 1 年、心理学や教育学を中心とした学習を行い、それが教師になってからの大きな支えとなった。

　定年まで、教諭 4 校15年（中学校 3 年、高校 3 校12年）、指導主事 8 年、教頭 2 年、校長 3 校12年、計37年を経験した。

　採用から定年まで教育実践として大切にしてきたことは、①自ら行動を起こし実践すること、②教えることは半分は他者から学ぶこと、③学問は年齢に関係なく、若者からも謙虚に積極的に学ぶこと、④教育は高い理想や目標を掲げつつも現実の結果を示すこと、⑤多くの人と交流し、資料収集し、自己研修を継続すること等であった。

　教諭時代は、積極的に生徒の中に入り込み、語り、観察すること等、授業、SHR、部活動を通して実践したり、家庭訪問、保護者への電話等を実践した。この中から生徒や親の状況、親子の関係等、多くを学んだ。

　生徒に語り続けたことは、①初心を忘れるな、②継続は力なり、③若さとは行動力の三つであった。特に SHR、LHR は大切にし工夫した。学校行事、部活動等も多くの生徒たちと交流し、生徒理解の深化に努めた。男子寮の舎監や宿直、主任等の経験も私の視野拡大や学びの基礎となった。

　指導主事の 8 年間は、専門の教科外に学校訪問、現在の特別支援学校、定時制通信制、高校入試、同和教育をはじめ、合同で多くの研修会等、幅広く教育行政に関わり、広い視点から新たな学びを得た。

　文部省（当時）主催の中央研修・全国指導主事会、地区等での教育課程研修会等で文部省、県外の指導主事の先生方との交流もあり、全国的な視点からの幅広い学びとなり、管理職になってからも継続し、情報交換、研修の場として活用させていただいた。学校経営にも大いに役立った。

　教頭の２年間は、学校現場で校長、主任、学級担任、保護者、生徒たちと交流があり、現場の理解を深め、教頭の立場等を学ぶ場となった。

　校長の12年間は、どの学校でも校長の姿勢として、逃げず、言い訳をせず、責任を取り、謙虚に学ぶ、理想・目標は高く置き、努力し、結果を出すことに努めた。教職員の管理職等への登用にも力を入れた。

　また、学校は大きな家族集団として教職員、保護者の結束力、同胞意識を高めることに努め、一人ひとりの教職員にも努力してもらい、教職員、生徒の努力、保護者の協力・支援で大きな成果につながった。

　文武両道を推進、生徒の将来を見据えた人間教育に力を入れてもらった。全校集会等で将来の日本の発展や生徒一人ひとりの大きな成長を願い期待を込めて「世界の○高校。宇宙の○高校」と生徒たちに語り続けた。

　退職後の現在まで、同窓会、校長会ほか、いくつかの設立したOB会等を通して関わった教職員、生徒・保護者等と出会いのあることに教職生活の幸せと有り難さに感謝し、私の貴重な学びともなっている。

2　退職後の人生（生き方）

　私は、現職最後の校長の頃から、退職後は時間の余裕もとれて自分なりの生き方もでき、幅広い視点から学びのできる仕事をし、時には、長年支えてくれた妻とも国内外の旅もしてみたいと思っていた。そのため、２つの教育機関の顧問を中心に据えつつ、私立高校や大学の顧問、相談役等に関わらせていただいた。このことで、現職時と異なる多くの経験、新たな学びを広い視点から得たと感謝し、私の退職後の生きがいにもつながっていると思っている。人生、生涯が学びだと実感をしている。

（1）60歳代の10年間

　10年間関わった２つの教育機関顧問において、一つは会社の会議や研修会、講演等を主とし、他の一つは会議や営業の方々と営業を主としつつ、講演や調査等も行った。両方とも、北海道から沖縄まで公立、私立の進学校を中心に訪問した。各学校では、管理職、進路指導主事、主任等の先生方など多くの先生方と交流させていただき、全国の高等学校の特色、現状、

課題等広く学習した。校長会、PTA総会、職員研修、生徒向けの講演など多くの経験は自己学習ともなった。講演等の際は、懇談会等が開かれ、多くの質問もいただき、研修の深まり、その後のつながりづくりともなった。各県の風情、食の文化、習慣なども新たな学習となった。他の顧問や相談役等も異業種の先生方との交流で、広い学びを得た。

　また、海外訪問について、現職時、文部省派遣の1か月、ヨーロッパ、アメリカ視察研修と最後の勤務校でシンガポール、マレーシアの高校、大学訪問の経験があったが、健康な60歳代、妻と中国（上海、西安、南京を中心）、ヨーロッパ（イタリア、フランス、イギリス）、アメリカ（カナダを中心）の延べ1か月旅した。別に妻は台湾、ハワイ、シンガポールに旅した。日本の長所や短所など、広い視点からの学習となった。

　国内旅行も、九州、中国、四国を訪問し、日本の再発見の学習ともなった。そのほか、60歳代で最後の勤務校でお世話になった北海道旭川東高校野球部の宮崎遠征、山口、九州、沖縄地区数学教育実践研究会、定年同期生の同窓会設立等に関われたのもよい思い出となっている。

（2）70歳代の10年間

　70歳代は、顧問としての一つと私立高校など少しは関わったが、講演等は75歳より後は、無理のない範囲で80歳まで行った。

　全国校長会、全国普通科校長会、全国理数科研究大会、全国看護研究会、全国高P連大会は連続して参加し、変化していく状況など学習となった。

　国公立大学入試センター試験、個別学力試験で東京大学を訪問した。

　上京の際は、文部科学省、教育機関等で資料収集も行い、自己学習にも努めた。北海道から沖縄まで、過去から出会いやお世話になった先生方との交流もし、旧交を温めて自分の生き方の参考ともなった。

　妻との国内旅行も、北海道、東北、関東、関西など見聞を広めた。60歳代後半から70歳代は、孫などとの関わりも増加した。

　さらに、親族、友人、同窓生などの見舞いや葬祭なども多くなった。一方、私たち夫婦の健康づくり、健康維持も後半には大切となってきた。

　小・中・高校時代の同窓会、現職時代各学校での教職員、PTA役員等

との会も喜寿や傘寿が最後となった会もいくつか出てくるようになった。

　また、70歳代になってからは、夜の会から昼の会になるよう提案もしてきた。教諭時、担任をした生徒との会、管理職時代の教職員、PTA役員等との会も昼の会となり、こうした会からも多くを学んでいる。70歳代でこれからの学校経営を考える会（九州各県1名）の設立や沖縄県の進路指導実践研究会等に関わり、先生方との交流を通して貴重な学びを得た。

（3）80歳代を迎えて

　80歳を超えてからは、健康管理、健康維持の大切さを年々、肌身に感じるようになってきている。健康維持のために、私は①毎日1万歩以上の散歩（70代より継続）、②月10回の温泉（60代より継続）、③週3回ほどの鍼・マッサージ等に加えて、④時間を決めた人との交流、⑤見聞や書くこと等で脳を刺激することにも努めている。

　年齢を加えるにつれて、同窓生や知人等も認知症、老々介護、老人ホーム等へお世話になる人が出てきている。このような現状を見聞することから学ばされたり、考えさせられたりすることも多くなってきた。

　私は80歳代の行動できる間は、自己学習も考え、今までお世話になった社会への恩返しとして、地域貢献、社会貢献にもできる範囲で努めている。82歳から3年間は全国高等学校長協会でも長年お世話になったので、全国の管理職の先生方の将来のつながり作りも考え、出版社の後押しで3冊の出版ができた。おかげで現職の先生方から多くを学習できた。

　また、地域貢献も現職時より現在まで、地区の役員も10年以上経験し、諸活動にも努めて参加し、交流を通して学びとなっている。

　私も80歳代後半となってきた。今後は自分の終活や身辺の整理も課題とし、健康管理、健康維持に努め、できる範囲で、社会貢献、人との交流、連絡等も行いつつ、自分の生涯の学び、生き方に努めていきたい。

　今や、人生100年時代も現実のものとなりつつある。現職の先生方も定年後が長いことを考えられ、今から将来を展望され、自分の今後の人生設計や将来の生き方在り方も考えられつつ、健康で明るく、前向きの人生を送っていただくことを期待しています。

定年退職をして、今、思うこと

元長崎県立佐世保南高等学校校長　**藤原善行**

1　はじめに

　私は、高校卒業後、陸上自衛隊に所属しながら大学 II 部に 4 年間学び、更に昼間大学に進み卒業後、教職に就いた。私には、これまでの現職時代及び定年退職後も、「人生信条」としてきた言葉がある。それは、同時に私が自分を生きる人生のテーマでもあり、確かな心の支えでもある。

（1）人には、人の数だけ、夢がある。
（2）人は誰でも、この世に意味をもって「生」を受けた存在である。
（3）人生とは「自分」を生きることである。より善く生きるとは、より自分らしく生きることである。

2　自分を生きる―現職時代及び定年退職後の生き方・在り方

　定年退職後も、学校法人の学園長兼学校法人本部長として 8 年間勤務後、専門学校校長として現職続行中である。故に、定年退職後の生き方・在り方については、悠々自適の生活をした実体験がないために具体的な寄稿ができない。ただ、これまで私なりに心がけてきたことを挙げてみたい。

（1）自己管理

　何事も、成就するためには心身の自己管理が不可欠であると考えてきた。具体的には、次のようなことである。

　　○いつも問題意識を持って、見通しを持ち先手の課題解決に努める。

　　○健康管理に留意して、気力と体力の充実に努める。新任教員時代から、ほぼ、毎日、早朝ジョギング、ジム通い等を継続している。

　　○何事にも、目的、目標を持って取り組み、チャレンジする。

　　○情報収集や整理は、その日のうちにすることとし、会議、行事等は、

事前に準備をし尽くして臨み、「準備の準備」を心がける。

○「ノルマに追われるのではなく、ノルマを追いかける」という気持ちで取り組み、日頃から学ぶことを喜びとし、自分の成長に繋ぐ。

○家庭を犠牲にしているようで、実際は家庭・家族を大切にしている自分であり続ける。家庭の安定なくして、安定した人生なしと考える。

（2）教師としての自分の姿勢

○問題意識、当事者意識、問題意識の三意識の持ち主であり続ける。

○好きな仕事に就ける人は少ない。就いた仕事を好きになる。

○組織で仕事をし、自分の職の一つ上の職で考え、自分の職で行動する。

○職場は、労働の場だけでなく、自分がより善く生きるための実践の場である。労働をするのではなく、仕事をする自分でありたい。

○「教員」ではなく、「教師」であることを自分の生きがいとする。

○何事も、「すべては日常にあり」と考えて取り組む。

○「回答は現場にあり」の思いで「働く自分」であり続け、苦労を上回る達成感を自分の喜びとする。

（3）私の学校経営

どの学校でも、「学力を含めた人間としての総合力」を育むことであるという信念を持って、「どんな生徒も絶対に見捨てない」「すべての生徒は、成長できる存在である」と信じて厳しくも優しくも取り組んだ。

特に、学校経営に関しては、主として、次のような思いを持ち続けた。

○学校経営の基本は、「安定」「安心」「安全」を目指す。

○学校として、必要な時に必要なことをきちんとする旬の教育をする。

○「課題処理型学校経営」から「課題発見型学校経営」を目指す。

○決められたことを大過なくする「学校運営」ではなく、問題意識をもって事を観て創造的な仕事をする「学校経営」をする。

○教頭は「判断」、校長は「決断」することを旨とし、判断に迷ったら「生徒にとって」という視点で考え、「ぶれない判断」を心がける。

○「開かれた学校づくり」を推進し、人を開き、育友会、同窓会、関係機関、地域社会等と密な関係を構築する。

○「仕事は、みんなで100点である」を経営スローガンに掲げて学校の総
力を結集して取り組み、職員の存在感を保証する。

3　定年退職後の生き方への思い

　人は誰でも、加齢と共に身体も衰え、行動も鈍くなる中での生活を余儀
なくされる。私は、享年51歳で妻を亡くし、日常の仕事、子育てと追われ
る中で「自ら動かなければ、何も始まらない」「悔やんでも何も解決しな
い」と覚悟して現実を生きてきた。高齢になってからの生き方のキーワー
ドは、「バランス」と「自立」であると心している。

　現在、自分を生きる私の心構えは、次の「7つ」である。

（1）「自立」の気持ちを持ち、何事も自分でできることは自分でする。

（2）自分ができる仕事を続け、いつも、他人や社会との接点を持つ。

（3）経験を活かして、他人に役立てることを自分の喜びとする。

（4）妻を亡くしたことを受け止め、言い訳をせず、より心豊かに生きる。

（5）「学校経営を考える会」等との交流をし、人間関係を構築する。

（6）趣味や自治会活動等に参加し、新たな生きがいを見出す努力をする。

（7）気持ちと体調等に相談しつつ、ジョキング、筋トレ等を継続する。

　毎年、私は、年賀状には心境や決意を、次のように書いて出している。

○平成31年

「人に愛されること」「人に褒められること」「人のためになること」

「人に必要にされること」を自分の喜びとエネルギーにする年にする。

○令和2年

　一生懸命にやっておれば、仕事が仕事を教えてくれる。

　仕事には、新しい自分を見出す喜びがある。

　充実した仕事が、充実した人生をつくる。

　すべては、日常にある。

○令和3年

　人のお世話にならぬよう、人のお世話をするように、そして、報いを求
めぬように、自分らしい生き方ができる年でありたい。

今後の生活についても、改めて、思っていることがある。加齢を重ねる自分への「激励メッセージ」であり、「自分を生きる希望」でもある。

（1）「あれもこれも」から「あれかこれか」の生活を心がける。
（2）「夢」を生きるのではなくて、「現実」を生きる。
（3）自分の心身の健康は、まず、「自分」で守る。
（4）「金持ち」ではなくても、「時間持ち」になる。
（5）他人の役に立つことはいとわず、「自立」を目指す。
（6）「幸せ」は、いつも「自分の心」で決める。

4　おわりに

　恋いこがれて、やっとの思いで就くことができた教師人生である。

　県教育委員会を含めて県立34年間、定年退職後も私立14年目となり、48年間が経過する。自分を鍛え、自分を磨き、自分を高め、心の持ち方を変えることは、自分のためだけではなかったと改めて思う。すべての出発点は自分であると考え、惜しみなく学び、誠意を込めて取り組んできた。大事なことは、他人よりも優れているかどうかではなく、自分が学びたいことを学び、自分を成長させているか否かということだと思う。日々、「忙しい」とは思ったが、「きつい」と思ったことは一度もない。教育の重さと奥深さを知り、完結したという思いはないが、自分のいのちを燃やし続けて自分らしく頑張ったという自負はある。一つの仕事をやり遂げつつあるという実感もある。「世の中で一番楽しく立派なことは、一生を貫く仕事を持つことである」と福澤諭吉が言っているが、「教師」という好きな仕事をさせていただいたことを、有り難く、実に幸せに思う。併せて、定年退職して14年が経とうとしている現在も、県内外で開催される同窓会、各校の新旧教職員懇親会、OB育友会や母の会、県・地区退職校長会、学校経営を考える会、その他多くの会合にも案内をいただき、また、教え子や教職員、保護者等々から900枚以上の年賀状を頂戴する関わりをいただけることは、何にも代え難い私の人生の大きな財産である。

我が人生　途上

元佐賀県立佐賀農業高等学校校長　**山口保義**

1　折り返し地点（昭和42年4月〜平成16年3月）

　県立高校退職時の校長会文集には、次の寄稿をした。

　——校長会会誌への投稿もいよいよ終わりとなったので、「最終稿」としようかと考えてもみたが、「まてまて、人生はこれからもまだまだ長い。」と気を取り直して「折り返し地点」とした。

　父方の曾祖父は江戸時代の生まれで、医療事情も良くない時期に94歳まで生きたし、母方の祖母は102歳まで生きた。小生の両親はまだまだ健在で、二人とも自動車の運転は現役で行動範囲も広い。

　こんな環境に育ったので考え方が甘いかも知れないが、近い将来に自分の一生が終わるなどとは思ったことはない。

　昭和42年4月の新採以来37年間の教職員生活を振り返り、今更ながら感慨深い。その中でも特に印象深かったことを振り返ってみた。

　一つには、「農業の教員で良かった」ということである。野菜や花や動物は嘘をつかないし、自然は正直である。自然を教材として、成長過程にある生徒を教え導く仕事に就けたことは何よりも幸せだった。

　二つには、学校現場を離れた6年間の県教委学校教育課での行政経験は貴重であった。同室の行政職員の中には、教職員以上に教育について真剣に深く考えている人がいることを知った。そのことは、新規事業予算獲得時に、同室行政職員と一緒になって財政課職員を説得する場面で強く感じられた。また、指導主事として全国の仲間と、教育や農業の在り方を真剣に話し合ったことも得がたい体験であった。これらの経験を、その後の教頭・校長としての10年間に大いに活用させて頂いた。

　三つには、教員だったからこそその人々との出会いである。様々な個性を持った多くの生徒との出会い、同僚や教育関係者との出会い、保護者や同

窓会関係者との出会い、様々な行事の中での有識者や一般社会の方々との出会いなど、善きにつけ悪しきにつけ日々の成長の支えにさせて頂いた。

　退職間近の今を、折り返し地点と心得、これから後も充実した人生としたいと願っている。（県立高校退職時の感慨）

2　学校法人の教頭・校長として（平成17年3月〜24年3月）

　県立高校を退職してからの11か月は、JTB佐賀支店の顧問として非常勤で勤務した。それというのも、人生の折り返し地点から後は暇とお金を工面しながら広い世界への発見旅行をしたいものと考えたからである。社員旅行では、モニターツアー形式の「5日間のハワイ旅行」が楽しめた。また、個人旅行では、「ロマンチック街道とスイスアルプス・パリ8日間」が実現した。ところが、JTB業務で学校訪問をするうちに、知人であった学校法人の理事長と校長先生から「教頭先生が病気で欠員となったので是非とも教頭を引き受けて欲しい」と再三にわたって懇願され、年度途中の3月から私立H高校教頭がスタートした。

　教頭時代は職員室の正面に座席があり、幸いにも生え抜きのベテラン教務部長が隣席であった。農業が専門の私は工業と福祉の学科を設置する高校の授業に出ることはなく、教務部長の空いた時間はもっぱら私の学校オリエンテーションに充ててもらった。創立50年を迎えようというH高校の現状が手に取るように理解できた。ベテランと言われる生え抜きの教職員には転勤の機会もなく、長年前年踏襲された学校業務にも現状にそぐわない所があることも判った。これらを少しずつではあったが県教委や県立高校の教頭・校長経験を生かして改善していくこととなった。

　県立高校では、学校改革や施設設備の改善等はすべてが県教委や、大きなものは県議会の承認を経なければ実現することができないが、学校法人傘下の私立高校は違う。大方のものは理事会と理事長が承認すれば実現できるからである。校長は理事会へ理事の立場で出席し、生徒や職員、保護者のための教育環境整備が実現できる。県立高校時代の37年間では到底実現しそうにない様々な取り組みが、学校法人の柔軟さに助けられて、H高

校時代の7年1か月の間に実現できた。このことは45年間の教職員生活で一番の思い出である。退職前の校長講話の後で、定年退職を2年後に控えた教師の手紙で、「創立50年。生徒に自信を持たせる様々な取り組みで、4年間の校長在職中に胸を張れる学校にしていただき感謝します」との言葉をもらい、苦労が報われた思いがした。

3　趣味とボランティア活動で人生にうるおいを（〜現在まで）

　教師は逆境にあっても生徒に対する時には笑顔が必要なように、人生には趣味が大切だ。退職してから始めることもあろうが、始めるのは早い方が良い。私も詩吟を始めて57年になるが、思い起こせば必修クラブの頃を思い出す。先生方も特技を生かして生徒にいろんなことを教えたが、私は「詩吟クラブ」を担当した。卒業して何年も経った同窓会の席上、「先生から習った詩吟のおかげで、あちらこちらの床の間に飾ってある掛け軸が読める時がある。詩吟を習って良かった」と。また、現職の時には土曜日の夜に、退職後は平日に30年余りにわたって我が家で詩吟教室を開いている。今では、先輩や同僚の叙勲祝賀会や結婚式の祝吟、また、身近な友人達の葬儀には弔吟を奉じる機会が度々ある。喜びの席で、また、悲しみにくれる別れの会で、その場に合わせた漢詩を献げて主催者の気持ちに寄り添っている。

　詩吟と民謡と、子供の頃からよく愛用していたハーモニカで仲間と一緒に老人介護施設へ慰問に出かけた。また、佐賀新聞の文化講座のオカリナも受講中だ。ハーモニカに加えて演奏すれば変化もあり、聴く人が退屈しないだろうと練習を始めて8年になる。医師の鎌田實さんは、人の役に立つ活動をしている人は心臓病が少なく寿命が長いし、ボランティア活動している高齢者はしていない高齢者に比べ、高血圧のリスクが40％も少ないと述べている。後期高齢者となった今、幸せホルモンが活発に働くような、人に親切にする活動を続けたいと願っている。

　もう一つの趣味は野菜の自給栽培である。教員時代の教科は農業で、野菜栽培の担当が最も長かった。現役時代の特技を生かし、佐賀県遺産釘町

180

家住宅前の畑を借りて、会員10人ほどで年間を通じて約30種類の野菜を栽培している。集団栽培で各人一列ずつ栽培するのはジャガイモ・ニンジン・ハクサイ・スイカなどである。各人の好みで栽培する場所には思い思いに種まきや苗を買って植え付ける。ホーレンソウ・レタス・ショウガ・ニンニク・キャベツなど様々である。会員の経歴は多様で、会社社長・調理師・教育カウンセラー・銀行員・ホテル支配人・教員・主婦などである。私は農場長を務め、会員の笑い声が響く農場運営に努めている。

4　ヤミ米を食べずに餓死した裁判官の生き方についての講話活動

　法と秩序を守るために命を賭けた裁判官についての講話を、最後のボランティアとして行っている。

　昭和22年10月11日、佐賀県白石町出身の東京地裁山口良忠判事が、「人を裁く身でヤミ米は食べられない」と栄養失調で倒れ、療養中に亡くなった話である。日本の朝日新聞で報道されたわずか2日後、ニューヨークタイムズなど各紙はアメリカ全土に報道し、「プリンシプルの男（命を賭けて信念をつらぬいた男）」として褒め称えた。対日感情も険悪な戦争の相手国での出来事である。日本では山口判事の餓死事件について、賛否両論が飛び交ったが、函館在住の弁護士・山形道文さんが6年の歳月をかけて詳細に調査し、山口判事の実像を本に著した。また、佐賀県に何回も足を運び、資料展示会や講演会を開催された。没後55年目の命日には、校長として佐賀農業高校へ山形弁護士を招いて講演会を開催した。山口判事の弟妹3人へも案内し、会場に同席いただいた。語り部である山形弁護士が亡くなった後は及ばずながら私が引き継ぎ、県教委の事業である「郷土を誇りに思う教育推進事業」の一環として高校生へ話すこととしている。また、ヤミ米時代を生きた地域の老人会へも出向いて話し、子供や孫へ橋渡ししていただくことで、与えられた職責の中で最終責任をとるという山口判事の生き方が次の世代へも引き継がれ、判事の高潔な精神が広く人々の心に根付いていくことを願っている。

感　謝

元長野県上田高等学校校長　児童養護施設円福寺愛育園園長　**藤本光世**

1　心の柱と環境美化

　おかげさまで、公立高校3校と私立高校1校の校長をさせていただきました。校長として心掛けたことは、まず環境美化でした。校舎内、校地内が汚い学校は生徒の心が汚れ、本来あるべき高校生活から離れてしまっています。環境美化ではトイレ清掃が特に大切です。トイレが汚い高校は、生徒の心も汚いのです。汚いトイレは生徒の心を汚くします。すると問題行動が起こり、学校は荒れ、生徒の学力は伸びません。それは、保護者や地域の期待に応えていないことになります。母校を愛する同窓生の期待にも応えていないことになります。

　だから、校長は何としても学校を綺麗にしなければなりません。

　どうやったら学校─特にトイレ─はきれいになるのでしょうか。簡単です。校長がやってしまえばいいのです。毎朝誰よりも早く出勤し、トイレを清掃し、校舎の廊下をモップ掛けし、校地内のごみをすべて拾ってしまう。これが私の10年間の学校経営でした。

　環境をきれいにすると不思議なことが起きます。問題行動は減少します。進学率は向上します。難関大学に生徒が合格していくようになります。部活動が強くなります。学校が活性化するのです。

　もう一つ大切なことがあります。

　高校には心があります。それを校是と言います。その本当の意味を明らかにして生徒に語りかけなければなりません。語り続けることが重要です。それは校長しかできない仕事です。松本深志高校の校是は「自治」です。生徒は「自治」を、文化祭（とんぼ祭）を自分たちの手で創ることと思っていました。そうではありません。「自治」は自分で自分を治めることです。その淵源は、旧制松本中学の時代にあります。松中が県下で唯一の旧

182

制中学校だった時代に、遠方で自宅から通えない生徒のために、生徒の自治で運営するいくつかの寄宿舎（自治団体）がありました。そこで、自らお掃除をし、学び、先輩は後輩を指導し、自治の精神が培われたのでした。松本深志高校の歴史を紐解き、自治団体での先輩の話をして、お掃除もしないで、勉強もできないでなにが「自治」か、文化祭の後片付けもできないで何が「自治」かと訴えました。

　上田高校に赴任が決まった時は校是が分かりませんでした。ある人は「質実剛健」と言い、ある人は「文武両道」と言いました。でも、前者はいくつかの高校にもあり、後者は高校生活の過ごし方です。それで、校歌の最終節の「いざ百難に試みむ」を短く「試百難」として、校長講話でその意味を語りかけました。上田高校の校歌は徳川の大軍を二度にわたって撃退した真田合戦を謳っています。知将真田昌幸は「義」を重んじ「知」をふるって徳川と対峙しました。そして勝ちました。その義心を、毎日古城の門をくぐって登校する生徒は受け継いでほしいと願ったのです。今は「試百難」が校是として生徒も同窓生も大切にしてくれています。

　こうしてそれぞれの学校は大きく活性化しました。

2　抵抗勢力

　学校は改革しようとするとそれに抵抗する勢力が現れます。学校をきれいにすることさえ抵抗する人がいます。その人はよっぽど心が汚れていて、きれいになるのを嫌がるのでしょうか。校長は私心を捨て「義」を重んじて、なすべきことをやらなければなりません。「実行」こそ、抵抗勢力を打破する一番の力です。

3　学校を開くということ

　職員やPTA、そして同窓生に校長の学校経営方針を知ってもらうことは、とても重要です。どの学校でも、年度当初に職員に配布した学校経営方針を、PTA総会や同窓会総会で会員に知ってもらいました。折に触れてB4表裏の手書きの校長通信を発行し、職員はもちろんPTAと同窓会

の役員に届けました。校長通信の題は長野南高校で「泥鰌」、松本深志高校で「鯉」、上田高校で「試百難」として校長の思いを込めました。

4 PTA と同窓会

PTA と同窓会は校長の一番の味方です。どの学校でも PTA と同窓会は私を応援してくれました。戦いは数の多いほうが勝ちます。学校の教職員は高々50人程度で、100人はいません。これに対して PTA は、生徒の倍の数いますし、同窓会は数万人はいるでしょう。それらの皆さんが校長の後ろにつけば、抵抗勢力は打破され、校長の方針によって学校経営ができます。それは、本当にありがたいことでした。同窓生や PTA の皆さまとは、今でも交流があります。

5 退職後

公立高校を退職後は、請われて私学の校長に就きました。しかし、父が戦災孤児救済のために自坊を使って創立した児童養護施設円福寺愛育園が、父から私への理事長の交代とともに大混乱に陥り、私が前面に出て対処しないと潰れてしまうほどの危機となり、私学を退職して児童養護施設円福寺愛育園の園長になりました。今年で13年になります。

児童養護施設の仕事をしてみて、これまで教員として努めてきたことも、児童養護施設の子育ても、すべて心の教育であり養育であることに気付きました。心がしっかりすれば、子どもたちは見違えるように変化して、自己実現のために毎日を過ごすようになるのでした。

私は今、児童養護施設の経営のほかに、認定こども園円福幼稚園の経営、発展途上国支援「円福友の会」の活動、龍眼山圓福寺の住職としての宗教活動、保護司などたくさんの仕事をしています。

なかでも、円福友の会の活動では、カンボジアの小学校に5教室の校舎を3つ建て、トイレも併せて寄贈することができました。世界遺産プレアビヒア寺院の山麓にある貧しい村（エコ村）に井戸を20本以上掘削して、きれいな水を飲めるようにして住民の命を守り、村を豊かにしています。

エコ村のナチュラル小学校には井戸とトイレを寄贈しました。学校ではその井戸の水を使って学校農園を開き、地元の篤農家が子どもたちに農業を教えています。農業は国の指定科目になりました。子どもたちは教わった農業で村を豊かにするでしょう。

　皆さま円福友の会にご加入下さい。会費は年間3,000円です。毎月『圓福』と『おもいやり』をお届けします。一緒に、世のため人のために尽くしませんか。

　それぞれホームページがありますので、興味がある方はご覧になってください。

　円福寺愛育園　ホームページ　http://enpukuji-aiikuen.com/

　円福友の会の活動　http://ryu-enpukuji.com/tomonokai/monthly_enpuku.php

人生100年時代の生き方
―彩りある人生―

元宮崎県立延岡青朋高等学校校長　小田史郎

　人生の中での出会いには、大きく分けて三つの出会いがあると言う。その一つが、私達がよく耳にする「人との出会い」である。二つ目が、「場所との出会い」である。三つ目が、「物との出会い」である。そうした、様々な感動的な出会いの中から、まず私の人生観を変えてくれた、物（本）との出会いを挙げたいと思う。『人生の四季』この言葉は、私が教職に就いて3年目に「ある本の中で出会った言葉」である。

　【人生の四季】　人に接する時には、温かい春の心。仕事や勉学に励む時には、燃える夏の心。英断や決断を下す時には、澄んだ秋の心。自分に向かう時には、厳しい冬の心。

　この言葉は、平成31年3月の退職までの期間ずっと、私の座右の銘として、私の人生の基盤として心の奥に留めてきた大切な言葉である。こうした、人生観の中で携わってきた37年間の教職生活を、今一度回顧し、私を成長させたターニングポイントを探ってみたいと思う。

　私の初任校は、宮崎県立高千穂高等学校（5年勤務）であり、当時（昭和58年）は、1学年8クラスある大きな学校であった。県内では、初任者養成高校と言われるくらい、初任者が赴任する割合の高い活気溢れる学校であった。そうした状況の中、教職に就いて3年目には、主任（渉外部長：商業科主任）と呼ばれるような責任ある仕事を任されることもイレギュラーなことではなかった。当校には、5年間しか勤務していないが、若い内に責任ある仕事を任されたことで、学校全体を大局的に見る視点が涵養され、学校経営マネジメントの観点を培うことができた。やはり、役を畏れず果敢に挑戦することは重要なことであり、何事も"経験に勝るものはない"ことを実感することができた。さらに、当校での5年間の中で、貴重な財産とも言える「人との出会い」をすることができた。新採4年目

を迎えた時に、当時、宮崎県下では、一番若い校長（48歳）として赴任した宇田津一郎校長である。教職への情熱も熱く、自校だけの教育の質を高めるだけでなく、幅広い視点から、生徒や教職員・地域のこと、宮崎県下全体の教育レベルを高めていくような、クリエイティブなリーダーであった。当時私は、商業科主任として運営委員会等々に参画し、身近に校長に接しながら、公私にわたって教職員としての生き様を鍛えていただいた。

　次は、4校目として9年間勤務した宮崎県立都農高等学校である。当校では、赴任早々から3年の担任（渉外部主任）を兼務し、次年度の創立50周年の大きな節目を迎える創立記念式典実行委員長という大役を任されることになった。当初は、転勤したばかりで、名前もわからない職員も大勢いる中で、校内の組織作りから始め、月に1回の校内実行委員会等々を開催し、それぞれの割り当て業務の進捗状況の確認を随時行いながら、同窓会及びPTA組織と連動した基盤作りを構築してきた。こうした貴重な経験で得たことは、学校経営と同じく『機能的で機動的な組織の構築と適材適所の人材配置』が大きな仕事をするときの基盤であることを学ぶことができた。私にとって、当校の9年間（生徒指導主事3年間、進路指導主事3年間含む）は、教職業務の広がりと自信につながり、学校運営という視点も培うことができ、中身の濃い教職勤務であったと思っている。

　次は、6校目として勤務した、宮崎県立延岡商業高等学校（教頭職1年間）である。人生には、三つの坂＝（上り坂、下り坂、まさか）があると言われているが、平成28年3月末の定期異動にて、当校へ教頭として勤務（内示）が決まった2日後に、その転勤先の校長が、骨盤を骨折するという不慮の大事故に遭い、赴任する学校の校長が不在という、まさかの事態が発生した。そうした状況の中、3月末には毎日のように校長が入院している病院に赴き、年間を通して一番慌しい4月をどう乗り越えていくかについて、綿密な打ち合わせを行ってきた。当時、平日には校長職代理と教頭職を併行しながら職務を遂行し、土曜、日曜には、積み残しのある教頭職としての職務を行うという、濃厚な1週間を繰り返す日々であった。こうした、校長不在の日々（4月1日から8月末日まで）が5か月間続き、

何とか紆余曲折しながら乗り切れたことは、私にとって、とても貴重な経験であり大きな財産にもなった。

　次は、7校目として勤務した、宮崎県立西都商業高等学校（新任校長2年間）である。ここでは、前任校で経験した、校長職の代理（5か月間）を経験したことが、大変役に立った。校長として、「3月末には、何を準備しておかなければならないのか」や「4月の行事としては、どんなことがあり、何を準備しておく必要があるのか」等々、1学期間の先読みが、自然体でできるようになっていたことは、非常に有難いことであり、自信を持って校長職の遂行ができた。その後は、延岡市にある定時制と通信制を抱える宮崎県立延岡青朋高等学校の校長を2年間勤務し、最後に新たな校種の学校も経験でき、教職生活37年間を無事に終えることができた。

　私は、退職を迎える数年前から、いくつかの甘い思いを勝手に描いていた。①退職後は、教職とは違う何かをしてみたい、②元商業科の教諭として、企業を起こしてみたい、③農業にも興味関心があり、6次産業化を推進してみたい、等々、他にもいくつかの勝手な思いを巡らし続けていた。また、仕事とは別に、退職後は、充電期間としてゆっくりしたい。さらに、家内孝行として、今まで行けなかった海外旅行もしたい等々、甘い生活を考えていた。そうした中、教職の最後となる年の平成30年の5月に関西に本部のある大手の大学（福岡校）より連絡があり、「ぜひ、本校の教務部生徒募集入試担当兼アドバイザーとして、宮崎県担当として勤務していただけませんか」との予期せぬ有難い電話をいただいた。その後、本校（延岡青朋高校）への来訪もあり、丁寧な説明もいただき、その7月には、熟慮を重ねた末、上記大学へ勤務することを内諾した。

　平成31年の4月からは、自由気ままな日々を満喫する予定であったが、1週間過ぎたあたりから、今までに感じたことのない初めての感情として、疎外感（必要とされていない自分がいること）や孤独感（社会から孤立した自分がいること）を感じていた。私は、どちらかというと物事に対して楽天的であり、細かなことは気にしないタイプだと思っていたが、こうした感情を抱く自分がいることに不思議さを感じた。そうした中、このモヤ

モヤした不思議な気持ちを払拭したいと始めたことは、まず、自分に継続した負荷（厳しさ）を与えることとやりがいを持つことが必要であると考え、週に５日間は、"心身"を鍛えるために、自宅から10分程で行ける登山（往復１時間）を習慣化すること。二つ目が、第二の人生として退職前（６～７年前）から考案・計画していた、『農業（生産から販売まで＝６次産業化）』を、退職の年の５月から少しずつ具現化させていったこと。現在は、スティックブロッコリーを主商品としてブランド化し、全国展開の大手スーパーに出荷するまでになった。さらに、以前から趣味の一つであったDIY（日曜大工）を本格化させ、６月初旬から、２畳半くらいのミニハウス（孫ハウス）建築に向け、基礎工事から取り組み、今月11月末（電気配線等含む）の完成を目指しているところである。

　近年『人生100年時代』と言われるフレーズをあちこちで耳にする。現行の60歳定年から考えると、40年も引き続き生きていくことになる。もちろん、誰しも健康寿命として40年間を無事に生きていきたいと願っていることは、言うに及ばずである。

　私は、令和３年１月で62歳を迎えるが、今日まで生きてきて、常に思っていることは、単純な言葉ではあるが、『三つの幸せ』を感じながら行動し、『３Ｋ＝関心・感動・感謝』し続けることが大事であると考えている。それは、①してもらえる幸せ（幼少の頃から現在まで人からしてもらえる幸せ）、②できる幸せ（自分が自立して自分でできる幸せ）、③してあげられる幸せ（他の人に自分のできることを自然体でしてあげられる幸せ）である。この三つの幸せを感じながら、生きていく（生かされている）ことが、将来の次の目標設定につながるとともに、そのことが新たなことへのさらなる挑戦となり、ひいては、こうしたしなやかな感性が"やりがい"や"生きがい"といった前向きな人生観につながって来ると、私は信じている。

　これからも、『人生100年時代』を念頭に置きながら、今まで以上に"してあげられる幸せ"を実践しつつ、感性豊かに『笑進・笑明』で充実した中身の濃い、私らしい人生を歩んでいきたい。

人生の不思議

元福島県立安積高等学校校長　廣瀬 渉

1　はじめに

　振り返れば、これまでの人生は自分の思いとは違う方向に進んで来たことが少なからずあった。私は、高校時代に将来の進路を考えたとき、"教師にだけはなりたくない"という思いが強かった。夢は、日本が経済成長まっしぐらの時、自分は技術屋になりたいということであった。人前で話すことなど、大の苦手であり、恩師の姿を見ていて教師は大変であり、割の合わない職業だと感じていた。しかし、私は戸籍上、次男であったが、兄が幼い頃他界し、自分は実質的に農家の跡取りとして育てられてきた。幼い頃から、両親、祖父母からは、常に家に残り、跡を継ぐことを強く期待されてきた。高校卒業後は地元の役場などに勤務することが当然と思われていた。自分が農家の跡継ぎとして、これからずっと地元で過ごすことを想像したとき耐えられない暗い気持ちになった。地元を出て外の世界を見てみたいという強い思いがあった。大学進学はその一つの大きなチャンスであった。大学進学するとしても将来、自分の家の近くで勤務することが条件であった。あの頃、教員は最後は故郷人事といい、地元に帰れることがほぼ間違いなかった。いろいろと悩んだが、そのようなこともあり、最終的には教育学部に進学した。入学当初は、工学部への学部変更を考えたときもあった。そんな時、出身高校の同窓会有志の新入生歓迎会が開催され、先輩の方々のお話を聞く機会があった。先輩の一人は、「私は公務員だけにはなりたくなかったが、結果的にはこうして公務員として働いている」という話があった。その先輩は、その時、役職につき活躍している人であった。そんな話を聞き、人生は思い通りにはならないこと、また、それでも頑張って人生を生きていくことができると感じた。そんなことがあって、日々の大学生活に向き合うようになったのである。

2　現職時代

昭和43年 4 月　福島県立高等学校教員

平成 4 年 7 月　福島県教育庁高等学校教育課指導主事

平成 7 年 4 月　福島県立矢吹高等学校教頭、同光南高等学校教頭

平成 9 年 4 月　福島県教育庁高等学校管理主事

平成11年 4 月　福島県立若松女子高等学校長

平成14年 4 月　福島県立安積高等学校長～平成18年 3 月退職

（最後の 2 年間は福島県高等学校協会会長・全国高等学校長協会常任理事）

　新任地は、地元の西会津高等学校であったが、早くから地元に帰るのは恥ずかしく断ろうとしたが、やむなく勤務。 6 か月後の話ではあの時断れば別の進学校へ勤務する予定だったとのことであった。断れば、人生は大きく変わったかもしれない。

　記憶に残る先輩の言葉「出世など気にせず、人生堂々と生きなさい」、この言葉は私の人生の指針となった。また、生徒に対して「見逃さない・見捨てない・追い詰めない」は私の生徒指導の中心的理念となった。私の勤務については進学校から生徒指導困難校へ、年度途中の異動、 3 年連続の異動など、自分ではどうすることもできない思いがけないことの連続であった。また、幸か不幸か、変化の節目、節目に遭遇した。県内で初めての総合学科高校の開設、女子高から男女共学総合学科高校への開設準備、文部科学省が初めて取り組んだ「スーパーサイエンスハイスクール」として全国28校の一つとして指定を受けての実践など、前例のない改革に先生方と取り組ませていただいた。それぞれの高校で、現在、活躍していることは嬉しい限りである。35歳前後の頃、「出藍の誉れ」という言葉に出会い、この言葉が教師人生を貫く大きな支えとなった。生徒達との共有時間は 3 年間のみ。しかし、その後、機会あるごとにお世話になっている。特に、退職の年の 3 月31日の夜に泊まりで、生徒有志がご苦労会を開いてくれ、その日の12時ちょうどに退職した安積高校内の時計の前で胴上げをして労を労っていただいたことは忘れられない思い出である。現在も、生徒

や同窓会などとの関係は続いている。教師冥利である。

　退職２、３年前より退職後のことを考え、ぼんやりと「晴耕雨読」を夢見ていた。その時、自分なりに「退職すればただの人」、前歴に拘らず自然体で生きようと思った。

３　退職後

　退職直後は、平日、何もなく家にいるのが何となく後ろめたく、平日の勤務時間中は外に出るのがはばかられるような思いであった。退職し、一人、近くの山登りなどしながら、自由の身になったと思うまでは少し時間がかかったような気がする。でも、そのうち暇人とみられたせいか、いろいろな仕事やボランティアに出会うことになった。

（１）町外での主な仕事など

　　１）福島大学キャリアモデル学習Ｂ講座講師（11年間）

　　２）福島県立会津高等学校評議員（５年間）

　　３）ライオンズクラブ会員：332D 地区でライオンズクエスト委員会立ち上げの中心となり、委員長を務めた。地元クラブの会長も経験

　　４）青少年赤十字賛助奉仕団会津支部副委員長（継続中）

　　５）会津大学非常勤講師（４年間）

　　６）白鷗大学学生募集参与（３年間）

　　７）会津信用金庫員外監事（継続中）

（２）町内での主な仕事など

　　１）西会津町代表監査委員（４年間）

　　２）西会津高等学校活性化対策協議会委員（13年間）

　　３）社会福祉法人にしあいづ福祉会理事長（継続中）

　　４）西会津町社会福祉協議会評議員（継続中）

　　５）西会津町総合政策審議会会長・表彰審査委員会委員・特別職給与審査員会会長（継続中）

　　６）福島県退職公務員連盟西会津支部：庶務、副支部長、支部長（継続中）

　　７）西会津町地域学校協働活動事業地域コーディネーター（３年間）

8）福島県立西会津高校・西会津町立小中学校学校運営協議会委員（継
　続中）

　退職後、大学で、教職経験者として教育について自分の熱い思いを学生
に話ができたことは幸せであった。特に特別活動の講義で「正義とは何
か」をテーマに話し合いを持った時の盛り上がりが記憶に残っている。退
職すれば地域のためにという思いもあり、地元地区の役員等をはじめ上記
のお手伝いをしてきた。未体験のことばかりで、特に監査・監事や、介護
関係の"にしあいづ福祉会"の仕事は前歴と全く関係のないことであった
が、依頼され引き受け現在も続けており、予想もつかないことである。本
来ならば、町の教育関係の仕事に携わるのが外部からの見方であったが、
流れの中で思いがけない方向に進み微力ながら地域のために努めている。

4　最近、思うこと

　振り返れば、自分の人生は思うようにはならず、不思議を感じる。流れ
の中で精一杯生きることが次に繋がってきた。ありがたいことであったが、
以前の人との交流関係が突然、支援いただくことに繋がった例も少なくな
い。退職しても、「何か世のため人のために少しでもお役に立てれば」と
いう気持ちを持って生きることが豊かな人生に繋がると感じる。中国の書
『菜根譚』にあるように"功名富貴"を捨て、他と比較せず、自分なりの
人生を歩むことが大切であると感じる。また、世間は多くの人と交流する
ことが長生き・健康の秘訣であると言うが、自分のやってみたいこと（ボ
ランティアも含め）を中心に無理せず日々を過ごすことで十分であると思
う。興味・関心のあることは一杯ある。現在、地区有志と「上野尻の明日
を考える会」を立ち上げ、定期的に会合を持ったり、エゴマ栽培もしてい
る。山登りも続いている。恥ずかしながら後期高齢者になって自動車学校
に通い、やっとのことで「自動二輪車」の免許を取得した。何歳になって
も挑戦する心を持ちたい。これからも本を読み、映画を見たり、旅にも出
てみたい。ある雑誌の特集にあった「人生は常にこれから」をモットーに
生きていきたい。第三の人生のスタートであると思うこの頃である。

流汗悟道

元福岡県立育徳館中学校高等学校校長　満江寛俊

1　ウィズコロナの年

　新型コロナウイルスの感染拡大に歯止めがかからない。現在校長をしている北九州の学校法人では、元気よく登校する生徒への朝の挨拶、マスク確認、そして検温、手指のアルコール消毒等を行っている。教育界はもちろん、日本中、世界中が混沌の中にいる。この新型コロナ感染について、当時のイギリスBBCは「中国・武漢でのウイルス性肺炎の集団感染を中国メディアが最初に伝えたのは昨年の大みそか、その後世界的なパンデミックが起こりました」と伝えた。教育界への影響を見ると、2020年2月27日全国すべての小中高校に臨時休校要請を発表。5月25日緊急事態宣言が全国で解除された。

2　現職時のこと

　常に心がけ大切にしてきたことは、「慎独」（確かにどこかで誰かが見ている）と「中庸」（バランスのとれた信頼される教育）である。これらを基盤にして教育を行うことは、まさに「師厳にして道尊し」（『礼記』）である。また、若い時「情熱・エネルギーを傾注してきたこと」は、生徒一人ひとりの文武両道の実現である。最初の高校では、生徒の頑張りと地域の学校への信頼もあり弓道部を創設、その経緯は昭和55年（1980年）10月の西日本新聞筑豊版に掲載された。異動した高校では、生徒の意識と学校の教育環境もあり、平成元年（1989年）3月、滋賀県大津市立皇子ヶ丘公園弓道場で行われた「第7回全国高等学校弓道選抜大会」に出場を果たした。文武両方を実行し、人間性豊かな心を醸成する教育を追い求めた。

　そして「一生懸命」の大切さを感じたのは次の講演会である。昭和58年（1983年）北九州の地元企業と教育界の研修会が東京開拓会館で行われた。

その研修会で、北海道家庭学校校長谷昌恒先生の講演があり「不思議なことに、人間というのは罰すれば罰するほど悪くなるものだと実感しました。何かに熱中する。そうすれば人間が変わっていく」「本当の幸せというのは物でもなければ金でもない。お母さんが自分のことを愛してくれているか、お父さんが自分を信じてくれているか、先生が自分のことを理解してくれているか。そういう心できちんと自分が支えられていることを感ずることができれば、これが幸せであります」。焦るな。諦めるな。一生懸命取り組む。その姿に皆を説得する姿がある、ということに感動を受けた。

　更にまた、生徒との関わりで大切にしたのは「オンリーワン」の精神である。「オンリーワン」という言葉の重みは「守破離」の境地である。「守」は教えや型を忠実に守り、練習を積み確実に身につけ、「破」は良いものを取り入れ一生懸命努力し、心技を発展させ、そして「離」は独自の新しいものを生み出し確立する。この事例を３つ述べる。

（1）平成９年（1997年）進路学習「オンリーワン計画（アイデンティティの確立と自己実現を促す進路指導の試み）」について

　この進路学習計画は、学年を核として立案した。生徒一人ひとりの自己実現を図り、その経過を冊子にまとめた。その第１分冊では「21世紀のエネルギー資源（八丁原地熱発電等）、北九州市の都市問題（上下水道、ごみ問題）、バイオテクノロジーの未来（バイオ医療の現状と今後の展開）、ニュージーランド（環境問題）」を取り上げた。

（2）平成22年（2010年）「連歌」の実施について

　『連歌と国語教育』（黒岩淳著、平成24年）に、「平成16年の国民文化祭後も、県民文化祭の一環として、連歌大会が毎年開催され続け、中学生・高校生の座が設けられている。行橋市内の高校では、平成22年から三年生全員を対象とした連歌講座が開かれ実作をしており、福岡県みやこ町の県立中学校では、平成24年から国語の授業の一環として連歌実作が行われる」とある。地元の教育委員会や連歌の会の皆さんの協力の中、教務主任を中心に計画を立てた。「連歌」を学校教育の中に取り入れ、地域文化を守りその担い手として活動することにより、自尊感情を高め、オンリーワ

ンの生きる力をつけることを計画した。

（3）平成24年（2012年）実施の東京研修について

　平成23年（2011年）3・11東日本大震災を機に生徒たちの中に「世のため、人のために」という意識が生まれ、人と支えあい、周りの人々と協同することで「絆」を作り出すという機運が出てきた。以前から温めてきた計画に、生徒の意識や外部の状況がたまたま同じベクトルを向き、合致し勢いを持って実現した。懇意にしていただいていた東京大学同窓会関係の先生に、本校を訪ねていただいたことがきっかけで、進路主幹を中心に綿密かつ確実性のある計画を作り上げた。後日、東京研修に参加した生徒からの報告書に「将来の夢や関わりたい研究に対し意欲や頑張りが湧いて、同窓生への感謝と誇りを感じている」と記載されていた。研修の意図を深め生徒への効果を考え、研修の具体的方策を諦めることなく推し進め、進路学習を核に据えた東京研修が実際の成果をもあげて現在も続いている。

　そして、現職の時は、日々取り組んだ活動の中で、ふと思いついたことや出来事を、その都度欠かさず手帳やノートに書き、まとまった題材があれば『研究紀要』に投稿したり冊子として作成して、書き留めた理由やそれに至る状況を書き残すようにしていた。

3　退職後

　定年後の生き方を示してくれるものの一つに『論語』があると思う。孔子の高弟が孔子の死後、その問答を書き記した書物であり、彼らの教えが凝縮されている。「学びて時にこれを習う、亦た説ばしからずや。朋有り、遠方より来る、亦た、楽しからずや。人知らずしてうらみず、亦た君子ならずや。」これも人生の大きな柱である。

　2016年に『LIFE SHIFT 100年時代の人生戦略』でグラットン教授（ロンドンビジネススクール教授）は、「これまでは『教育→仕事→引退』という3ステージの人生を歩んできた。しかし、人生100年時代、寿命が延びれば、教育と仕事が絡み合うマルチステージの人生になる。この時代では『何を大切に生き、何を人生の土台にしたいのか。』という問いに向き

合わざるを得ない」と説いた。私の取り組んでいる具体例を2つ示したい。

（1）一期一会の意味を語りかける「全国藩校サミット」への参加について

「全国藩校サミットは、平成十四年に東京都の湯島聖堂で開催されたのが始まりです。経済界、教育界の有志が中心になって設立された漢字文化振興会（現漢字文化振興協会）が呼びかけて実現しました（全国藩校サミット開催の記録）」。私は平成18年長野県伊那市高遠町で、第5回全国藩校サミットが開かれた折に、発表者の一人として参加し、発表では漢字文化振興会白石宗靖事務局長より、温かい言葉かけ等、大変お世話になった。また実は、文部省唱歌「仰げば尊し」は高遠藩藩校「進徳館」出身の伊沢修二（文部省音楽取扱掛）と豊津藩（旧小倉藩）の藩校「育徳館」の里見義（文部省音楽取扱掛、「埴生の宿」等の作詞）が関係していたという繋がりも。昨年（令和元年）は山口県萩市「明倫館」で行われた。毎年「六十にして六十化す」（『荘子』）の気持ちで参加している。

（2）大切にしてきたことの一つ「会津若松との交流会」について

「令和元年5月1日に『郡長正149回忌』が京都郡みやこ町豊津で行われた。地元の行政の方々や郷土史会、地域の人々、高校の生徒会や同窓会などの参加により執り行われました」。平成30年（2018年）11月には「第19回会津若松市民親善交流推進事業」が行われ、会津若松市長等と公募の市民100余名の訪問団は、育徳館（この高校には郡長正記念庭があり、その父萱野権兵衛の碑のある会津若松の鶴ヶ城本丸内の茶室の庭石と萱野家菩提寺天寧寺の土台石もある）を訪れた。地元では会津若松との民間交流が行われており新しいネットワークも構築されている。

　退職後は、福岡県高等学校退職校長会の理事や高校の同窓会の世話もさせていただいており、感謝の念を禁じえない。会津若松との交流、藩校サミットへの参加等々を「100年ライフ」でいう「変身資産」として、自身のマルチステージを今後も創造し、進化させていきたいと思っている。まさに「士別れて三日なれば、即ち更に刮目して相待つべし」の心意気である。

希望の明日を生きる

元長崎県立長崎南高等学校校長　碇 邁佐嘉

　振り返れば、あっという間に定年を迎えた。来年はもう80歳になる。人生は短いとしみじみ思う。

1　現職時代のこと

（1）真の数学教育の追究

　数学の問題は、基礎から考えれば解くことができる。難しい問題でも解法のポイントは1つか2つである。そのポイントを授業で丁寧に説明し、基礎から考えさせるよう努めた。例えば、優れた教材で分かりやすく教えるため、教材研究、指導法の研究を行う。小中高大学の教材の関連を研究し、指導法は小学校の先生方から学ぶ。算数の面積、体積で高校の積分の考え方が出ているなどを伝えて、数学への興味関心を持たせる。

　また、定期考査等の誤答を分析し、間違えやすい箇所を丁寧に教え、減点されないよう指導する。試験の点数が上がれば、勉強のやる気が出る。

　問題をパターン化し、反復ドリルで解法を覚えさせる指導では思考力が付かない。数学を考えることが好きな生徒を育てるよう心掛けた。

　更に、県数学教育研究会高校部会長や九州理事を務め、県大会、九州大会、全国大会開催に尽力し研究会の充実発展、真の数学教育実現を図った。

（2）生徒第一の学校経営

　県学校教育課勤務時代に仕えた伊藤昭六県教育長は「学校は生徒のためにある。学校のために生徒があるのではない」とよく言われた。生徒を大切にする彼の考え方に影響を受け、学校経営で実践する。

　例えば、ある生徒が問題行動で謹慎を受け、その解除後、再び悪質な事故を起こした。職員会議ではほぼ全員が退学処分を主張する。生徒を許せば、校則は有名無実になり、生徒指導が困難になるという主張である。先

生方の意見のすべてを聞いた後、「犯した罪は重大であるが、中退した生徒を受け入れる高校はない。高校を卒業していなければ企業は雇ってくれない。退学すれば人生は転落の一途になる。生徒の将来を考えて、もう一度反省の機会を与えて謹慎指導を行う。反省しなければ退学に切り替える。私も家庭訪問する。先生方のご協力をお願いしたい」と言ったところ、職員にどよめきが起こり、反発の声も聞こえる。実際には、先生方が家庭訪問を熱心にされた。生徒は無事高校・大学を卒業し就職した後、立派に生きている。この他に、部活動中の事故、体罰等が起こり、生徒を取るか、職員を取るかの岐路に立たされた時にも、常に生徒を取る判断をする。

　更に、「生徒が光る学校」を掲げ、生徒が進学や部活動で活躍した結果として学校が評価される考えで、生徒第一の学校経営を心掛けた。

（3）いつから退職後の生き方を考えたか

　時代の変化で地域の人口分布が変わり、合格者を各高校へ学力均等に振り分けることが困難になる。高校改革推進会議で数年間議論し、平成14年度高校入試から総合選抜制度廃止が決まる。長崎南高の開校以来、40年間続いた総合選抜を単独選抜に変えるのは容易でない。退職するまで特色ある学校づくりに追われ、退職後の生き方を考えるゆとりはなかった。

2　退職後20年間のこと

（1）退職後、平成14年度から図らずも北九州予備校長崎校の校長になる

　北予備では、難関大合格数のノルマは一切ない。進路指導の方針は「生徒の夢を壊すな」である。志望校は生徒・保護者が決める。志望校を下げる指導は行わない。ただし、面談で志望校との距離を伝え、その距離を縮める学習法を指導する。私も数学の質問を受け、添削指導を行い、合格に向けて励ます。

　また、管理職が毎朝玄関に立ち、生徒を笑顔で温かく迎える。毎朝遅刻せず登校させ、年間出席率98％を達成する。携帯の校内使用を禁じ、学習に専念させる。基本的生活習慣、挨拶など、人間教育を行う。

　もちろん、予備校だから学力を上げるため、様々な工夫をする。例えば、

東京大阪から一流講師を多く採用し、熱血授業を提供する。テキストを毎年改善する。全生徒にタブレットを持たせ、VODで授業の見直し、オンライン授業、AIで学習するなど、先端技術を駆使して学力を上げる。

　予備校には公的補助は一切ない。すべて生徒の授業料で賄わなければならない。安易に妥協せず浪人の道を選び、北予備に入学してくれた生徒を志望校に合格させるため、あらゆる企業努力を行う。公立高校時代と異なる企業の厳しさを体験し、若い人と接して新たに学ぶことが多かった。

　13年間校長を勤めた後、今は理事・顧問として週1日勤務している。

　これから退職される先生方は、定年後の人生を心豊かにするために、機会があれば再就職された方が良いと思う。

（2）退職後の生徒や先生方との交流

　数学を教えるのが好きで、生徒が好きで教師になったのに、県数学指導主事、管理職の勤務が長く、教壇に立ったのは13年間しかない。残念ながら教え子が少ない。だから教え子の同窓会には必ず出席している。

　76歳の時、教え子の還暦同窓会の一環として授業をするよう依頼される。酷暑の中、全国から43年前の教え子が母校長崎北高の教室に集まり、数列の授業をした。彼らは公式などすべて忘れているが、基礎から考えれば分かる体験をし、授業が盛り上がり、教師冥利に尽きる思いをする。

　今は同窓会、メール、年賀状等を通して教え子と交流することが生き甲斐になっている。今更ながら、生徒は大切にしなければならないと思う。

　退職後も74歳まで数学教育研究会に協力し、先生方と交流した。

　退職後の20年間を振り返ると、半世紀以上の長きにわたり好きな数学を教えることができ、教師になって良かったと心から思う。大変な出来事もあったが、素晴らしい職員、生徒に恵まれ、幸せであった。ただ、生徒にもっと尽くすことがあったのではないかと思う。

　なお、退職後の第二の人生を心豊かにするため、仕事の合間に趣味を持つようにする。例えば、63歳で高校の同級生夫婦と社交ダンス、俳句を始める。妻と毎年、海外旅行を楽しむ。73歳で北予備の顧問になってから退職校長会の男性コーラス、畑の会に入る。第二の人生は充実していたと思う。

3　今改めて思うこと

　毎日40分以上坂道ウォーキングをし、自分なりに身体を鍛えてきたが、80歳近くになり、心身の衰えを感じるようになる。いつの間にか前傾姿勢になり、歩くと腰が痛い。同級生との俳句、社交ダンスは高齢化により中止になる。身近な親戚、友人が亡くなり、話し相手が減って孤独になる不安を感じる。新聞の訃報欄を見ると、明日は我が身と思う。

　しかし、90歳を超えても元気な高齢者もいる。彼らはよく歩き、肉、魚、野菜等をバランス良く食べ、周りの人と明るく話す。彼らを見て今後は、100歳まで元気に生きるつもりで、次の通り健康維持と孤独対策を心掛けようと思う。

①背筋を伸ばし腕を振り、足指に力を入れて歩き、腰の痛みを和らげる。坂道をポールウォーキングして転倒に気をつける。室内でも両手のポールで身体を支えて筋トレ、ストレッチを行う。膝体操も毎日行う。

②毎朝、体重計に乗り、前日に比べて体重が増えていれば原因を考える。体内年齢は現在25歳下であり、今後も維持したい。

③肉魚等の蛋白質、野菜を多く摂り、納豆、ヨーグルト等の発酵食品を摂る。塩分、炭水化物、脂肪分を減らす。

④検査を積極的に受け、癌、脳梗塞、心筋梗塞等の早期発見を心掛ける。

⑤外出する機会、人と会話する機会を増やし、若い人から学ぶようにする。読書、古典の講座等で脳を刺激する。市役所の公募会議に参加する。

⑥妻と楽しかった思い出を語り合う。子ども、孫との交流をできるだけ増やす。孫の成長を楽しみに健康で長生きしようと思う。

　どんなに健康に注意していても、寿命には勝てない。お迎えは必ずくる。人生は残り少ない。これからは、明日に希望を持ち、一日一日を明るく生きていきたい。目指すは、健康長寿をしてピンピンコロリである。

　最後に、宇田津先生から原稿依頼を受け、今までの人生を振り返り、これからの人生を考える機会をいただいたことに心から感謝します。出版企画等のお世話をされた先生には頭が下がる思いです。

いつかきた道

　私は福岡県出身である。昭和41年4月佐賀県に採用され平成16年3月まで38年間勤める。学校は22年間、佐賀西（4年）、唐津東（15年）、致遠館（1年）、佐賀東（2年）の4校、行政は16年間、体育保健課（14年）、学校教育課（2年）の2課に勤める。その中から思い出に残るできごとを紹介する。

1　苦闘のうまざけをのめ

　唐津東高校創立は明治32年の佐賀県立第3中学校に始まる。私は昭和42年から15年間勤めた。昭和49年小寺仁校長が着任された。長期勤続の解消に辣腕を振るわれた生粋の佐賀人である。「葉隠」を語ると人が変わりやけに酒席が盛り上がる。読書が趣味で論客ときている。「下村湖人先生の残された格調の高い校歌は我々の最高の指導原理である。来るべき学歴社会に代わる新しい社会の指導原理は、各個人のバイタリティーと協調性である。純粋で情熱的な、更に言えば、野性的な不抜の奮闘精神こそ、我が唐津東高の基本的教育方針である。痩せたソクラテスではだめだ。たくましい若者をつくれ」。全校集会の校長講話をいつも興味深く聴いていた。

　小寺校長が体育科5人を校長室に呼んで、「51年度から体力つくりを始める」と思わぬことを言われ、文部省研究指定校を受けることになった。議論を重ね、ようやく研究の進め方の輪郭が浮かんできた。「牛乳飲む人より運ぶ人がより強い」がヒントになり、高齢者の生活習慣病予防の運動を参考に、高校生のうちから健康的な生活リズムに改善しようと考えた。

　ケネス・クーパーの「The New Aerobics」の理論をもとに唐津東独自の「点数制体力つくりカード」を作り、これに運動内容と時間から導いた点数を毎日記録させることにした。5月から10月まで強化週間を設けた。

運動場、体育館を早朝と放課後5時まで一般生徒に開放した。芋の子を洗うように運動を楽しむ生徒で溢れた。体育の授業では自分のペースで5分間走れる目標を定めさせ、毎時間走った距離と直後の脈拍を記録した。校務分掌では体育大会や東の浜の耐寒訓練など全校行事として取り組んだ。

　スポーツテスト5種目合計点が80点以上の1級合格者が、1000人の高校生の中で3〜4人いれば普通。ところが1080人の中で51人の1級者が出た。190人いた5級者が34人に、75人いた級外者が3年目の秋には2人に減った。集会中必ず3〜4人いた貧血がいなくなった。運動部入部率は4割を超え県下トップ。各種大会補助金も県下普通高校の最高、私学も含めた全高校で3位。遅刻者も減り怪我も少なくなった。何よりも校内の雰囲気が明るくなった。国立大学入学者も100人を割っていたのが昭和50年度120人を超えた。昭和52年度九州大学合格者が19人と最高を記録した。

　《一人ひとりの体力を意欲的に高めるために》を研究主題に取り組んだ成果を、昭和54年度全九州保健体育研究発表大会鹿児島大会で発表。さらに昭和55年度九州地区保健体育研究発表大会を唐津東高校で開催し、公開授業及び研究発表を行った。

　学校教育は、知育・徳育・体育がそれぞれ独自の領域を横一線に並列の関係にあるという見方と、知育・徳育・体育が三角形に位置し、それぞれ相互に関連する構成体の一つになるという別の見方がある。前者を進学校に例えるならば、知育に対して完璧にするが、競合する徳育、体育はほどほどにする捉え方。後者は、学力向上すなわち知育の充実には、その構成体として内包する徳育・体育を積極的に充実させる捉え方である。小寺校長は伝統にあぐらをかき、閉鎖的で変化を好まない体質を一変させるため、図書館、事務室、ついで体育科の改革に着手されたのであった。

　小寺校長の「苦闘のうまざけをのめ」を思い出し、ここに記した。

2　仕事は自ら創れ、先手先手でやれ、受け身でやるものでない

　昭和56年度から教育行政に関わった。体育保健課と学校教育課を16年間、体育保健課は4度も繰り返した。昭和63年度新設致遠館高に異動したが、

1年で体育保健課国体担当競技スポーツ係となる。弱小県佐賀の躍進が大きな課題となっていた。井本勇知事が佐賀県体育協会会長に就任された。「仕事は自ら創れ、先手先手でやれ、受け身でやるものでない」「仕事は厳しいものほどやりがいがある。取り組んだら完遂するまでは離すな」「摩擦を恐れず、摩擦は進歩の母と思って、仕事に取り組め」と力強く訓示された。平成2年度に学校体育係長になると、県中体連、県高体連、県高野連と運動部活動の在り方を議論する機会が多くなった。平成4～6年度佐賀西高で高体連理事長になる。宮原照明会長に相談し「平成19年度全国高校総体開催誘致申請書」を九州高体連会長へ提出した。

　平成12～13年度体育保健課長になり、県知事、県議会へ説明する基本構想案を模索した。その時東京大学佐々木毅学長就任時のことば「基本に返れ」（Back to basics）が目に留まった。日本最高の頭脳の持ち主が集まる東京大学を蘇らせるには、教育・研究の原点に立ち返ること。高校総体も同じ「基本に返れ」である。「簡素な中にも、感銘のある大会」は、この方針が貫かれたものと考えている。

3　趣味と退職後の人生

　私と弟は、将棋と歴史という共通の趣味をもっている。どうしてこんなに仲がいいのか、皆から不思議がられている。ただし、趣味でも質的にかなりの違いがある。私の方は楽しさ主体の趣味の延長。弟の方は厳しいプロ志向の本格派である。小学生のころ4歳違いの弟に将棋を教えたのだが弱くて相手にならない。つい私がスポーツや教育に関心が移り油断している間に、弟は将棋の本を読みあさり、大学の将棋部に入って研鑽を積み4段の免状をもらい大学将棋部のキャプテンになった。才能だけの私とコツコツ努力した弟では、まったく勝負にならない。まるで、ウサギとカメのような話になった。これも中学生のころだが、郷土史、『新考三潴郡誌』を拾い読みして、その現場を確認しようと、弟と二人蒲池の貝塚にでかけたことがある。土器の破片を持ち帰り宝物のように家で眺めていた。私が50歳のときであったろうか、久しぶりに福岡県庁勤めの弟から電話があっ

た。原稿用紙6000枚に、歴史小説を書いたから読んでみてくれという。ま
さしく、脳天を一撃されたような衝撃を受けた。その後出版に向けて様々
な活動を行い、河村哲夫著『志は、天下〜柳川藩最後の家老・立花壱岐』
（全5巻、海鳥社）が世に出たときは、全身の力が抜けてしまうほど達成
感と感動を味わった。それ以来私と弟は、いわば同志として以前にも増し
て行動を共にする。

　退職2年目の平成17年から3年間一人一役活動高校推進委員会事務局長
を担った。印象に残るのは、平成19年7月28日から始まる全国高校総体
250日前の推進大会に高校生演じる佐賀歴史劇を公演できたこと。400日前、
250日前の催し物で約4000人の観客がつめかけ感動する姿を見て、本番の
成功を確信した。総合開会式参加者1万2955人、県内会場68競技、選手・
監督3万3853人、役員等2万3595人、観客数延べ53万8804人の大会であっ
た。取り組んだら完遂するまで離すな、の知事の言葉を思い出した。

　平成20年から24年まで弟の縁で福岡県文化団体連合会の特別個人会員に
なり福岡県内各地の文化事業を手伝った。平成21年に開いた「5足の靴・
文化芸術フォーラム in 九州」は、明治40年に与謝野鉄幹、北原白秋、木
下杢太郎、吉井勇、平野万里の5人が旅した「5足の靴」のゆかりの地域
が連携協力し、美術展、写真展、リレー講座、コンサートを行った。

　平成25年70歳で佐賀市立中川副公民館長に採用された。この地は筑後川
支流の早津江川沿いに広がる地域。旧公民館の老朽化による移転に伴い、
「佐賀藩三重津海軍所俯瞰之図」（縦約2.6m、横約7m）、もう一つの「博
愛社救護所之図」（縦約2.6m、横約4.6m）の有田焼の陶板壁画約450枚
（縦約20cm、横約30cm）を業者が一枚ずつ手作業で壁から取り外し移設
した。新公民館の敷地は佐野常民記念館や世界遺産・三重津海軍所の駐車
場も兼ねており、120台と大型バス5台を収容できる。新中川副公民館は
令和2年10月14日落成式を終え、成人学級、歴史探訪ウォーキング、健康
アップ教室など、百歳長寿を目指す『元気で長生き大作戦』を展開してい
る。

八十路に想う

元佐賀県立佐賀西高等学校校長　久保田 勝吉

　人生100年時代の今日では、定年退職後の生き方が生涯の幸不幸の享受感を大きく左右すると言ってもよい。私の人生80余年の幸不幸如何はともかく、退職後に係る道の内二つを振り返り思うところを述べてみたい。

1　地域と共に

　ところで定年退職後は生活環境が大きく変わる。現職時は学校という限られた空間で、長年培って来た知見と経験をもって、昔のように「先生様」とまではいかないまでも、人並み以上の人格者と見られながら安住の地を得ており、また地域においても隣人との付き合いがそれほど密でなくあるいは地域の役はしなくても、それが暗黙に了解されていたということができる。しかし退職後は仕事をしていようがいまいが、地域の役割も均等に、いやそれ以上にやって欲しい地域の一員として期待され待たれているのである。だが特に教職員は、退職後地域への溶け込み方が苦手あるいは自ら避けようとする者もあると聞く。私は定年退職後私立の中学校、高校の校長を勤めることになったが、幸いにもその間は地域から役職等の要請はなく、勤めも「昔取った杵柄」、それほど大きな負担感もなく終えることができた。その勤めが終わった後は趣味三昧の悠々自適を望みとしていたが、いったん郷に入ればそれは衆目の許さぬところ、気が進まぬながらも請われて地区民生委員・児童委員になって各戸を訪問したり、そして同協議会会長になって、月々協議会を招集したり高齢者を招いて会食会等を開催する身となった。引き続き町づくり協議会の立ち上げに関わり、同協議会の会長にもなって、地域住民と共にお祭りや各部会が企画する事業等を実施したり、地域住民の作品を展示する文化祭等を開催したりする中で、地域住民との交流の場が人的にも空間的にも次第に大きく広がって

いった。

　ここで余談となるが、二つの協議会の共通の活動の一つに高齢者の支援がある。その中でも大きな課題が、災害時に誰がどのようにして高齢者を支援保護するかである。市の福祉課とも合議をして人的な支援の組織と連絡網を作る。民生委員・児童委員がその組織を担う主な人材となっているので、年に一度は模擬の演習もする。演習は計画通りスムーズに進行し完了して安心する。しかし私には実際の災害時に計画通りにいくのだろうかと危惧するところがあった。複数の高齢者を受け持つ各担当者が、災害時に果たして何人の高齢者を保護できるのか。ましてその担当者自身も被災者であってみればなおさらである。たしかに上意下達の組織も必要。しかしその組織が大きくなればなるほど下達の度合いが疎かになると言える。私は災害時に一番頼りにし頼りになるのは「向こう三軒両隣」だと常々述べてきた。災害時に一番に声を掛け合い手を差し延べるのは隣近所同士だと思うし、またそうでなければならないと思うからである。協議会の席上でも、身の周りの小集団、例えば班単位の絆を強くし、日頃からの付き合いを密にすることが大事なことだと説いてきたところであるが、私自身転居時には向こう一軒両隣には挨拶をし、時折は農作物のお裾分けや趣味のやきものの一つも持って行くといった付き合いを続けてきている。

　その他地域の役職としては、学校や社会福祉協議会の理事、介護施設の各種委員等を歴任または現任中であるが、これも最初に要請された仕事を拒まず無欲にやってきたことが、地域の方々の期待度や信頼度を高め、結果いろいろな仕事をいただいたものと思っている。こうした仕事を通しての地域との交流の中で、地域との協働感や共生感も生まれ、自ずとやりがいや生きがいみたいなものも実感できるようになり、それが退職後の生活時間を有意に埋めてくれたとありがたく、親近感に富む人々に囲まれ包容力に厚い地域に居を得ていることに感謝しながら、今傘寿を越えてようやく自適の日々を迎えつつある。諸氏にも第二の人生を有意に送るために、格言「郷に入れば〜」よろしく、まずは地域の風習に馴染み、請われた仕事は拒まず地域住民との共生親交を第一に心掛けることを勧めたい。

2　趣味と共に

　加えて私の第二の人生に豊かな彩りを添えてくれているものに、やきもの作りという趣味がある。元々私は工作が好きで得意であった。小学生の頃から罠付きのメジロ籠や孟宗竹の節を利用して妹に鍋、釜等の玩具を作ってやったりして、近所の方から注文が来ることもあったほどである。

　成人して教職に就き、東京オリンピックの前年に福岡県の初任校から佐賀県伊万里市の母校伊万里高校に帰った。佐賀県は陶磁器の産地として知られているが、当校区にも元鍋島藩窯の窯元群（大川内山、現伊万里焼主産地）や唐津焼系の陶器焼成窯元等が多数存在している。陶磁器祭の折等に窯元を訪問したり、また隣町の有田陶器市に足を運んだりする中で私のやきものへの興味関心が段々と高まっていき、自分でも作ってみたいという欲望が醸成されていったものと思う。

　高度経済成長期の終わり頃、武雄市の武雄高校に転任した。当校の校区内にも後の人間国宝中島宏氏の窯元や古武雄と言われる古窯の流れを汲む窯元が散在しており、そのような風土もあってか当校には先輩の寄付金で設置したと言われるやきものの焼成窯があった。新任の1年目は夜間定時制勤務であったので昼間の時間にもゆとりがあり、日を待たずやきもの作りにはまっていった。2年目から昼間全日制に移っても、昼休み、放課後と言わず空き時間を作っては陶芸室に身を置いた。武雄高校は職員数も百数十人の大規模校で、職員の陶芸同好会員も50名近くおり、生徒会クラブ必修クラブ合わせた生徒達と一緒に活動していた。当時のクラブ員の中には陶祖李参平の子孫（現14代）も若き陶芸家としての熱心な姿があって、職員生徒競っての作陶三昧のよき時期を過ごしたものだと思っている。

　陶芸同好会は、今思ってもよくあれだけの活動をする暇があったなぁと思うところであるが、一つには同窓会館に数週間前から泊まり込んで作り焼き、日頃貯め置いた作品を合わせて出品、佐賀市内のギャラリーにおいて展示即売会を毎年開催し、外来者共々お互いの作品の鑑賞、批評を楽しんだ。また毎年、当時は実質休みであった夏休みに実施した全国の窯元を

巡る陶芸旅行も、今は懐かしい思い出となっている。

　管理職になって一時期やきものから遠ざかっていたが、役所の課長時代には窯のある学校の職員に粘土を譲ってもらい、一握りずつの粘土を部下職員の机上に配り、自分の口に合うぐい飲みを作ってくるように促した。それを学校で焼いてもらい、後日諸行事の打ち上げ会や忘年会等の場に持っていき、自作のもので飲ませることにしたのであるが、色や形、大きさ等一つひとつ異なり、褒める、けなす、自慢する等々座は盛り上がり、コミュニケーション作りに一役買った。また現職校長時代の白石高校では、文化祭に職員にも何か自分の作品を提出するよう促し、その展示の場を設けた。何もないと言う職員には、生徒の美術か書道の授業の時一緒に書いて出しなさいと半ば強制的に出品展示させた。また佐賀西高校では市内のデパートの展示室を借り「佐賀西校職員展」を開催した。もちろん私も趣味のやきものをはじめ絵や書等を出品することになったが、職員の作品を鑑賞した生徒や保護者は、あの先生がこんな特技あるいは才能があったのかと日頃の教師の印象とは異なる面を発見して、更なる親近感や信頼感を増幅させることに、そして職員間では共感、協働感の助長や個々人の新しい趣味作りにも繋がり、私の趣味心が大きく役立ったと思っている。

　前記のように私学や地域の役職等に関わりながらも、やきもの作りへの執心いよいよ高じて、退職後自宅の一隅に陶芸室を作り電気窯を設置した。何人かの作陶仲間もでき、年に3回ほど焼いている。焼いた作品は来客に進呈したり知人に送ったり、また今年はコロナ禍でほとんどが中止になったが、地域の敬老会や親睦会等で進呈したりして大変喜んでもらっていた。武雄高校でやきもの作りを始めた頃は、香炉や花瓶等を自分だけの楽しみのために作っていたが、今は湯呑やコーヒーカップ等を人に喜んでもらうために作っている。こうして日頃「これくれんね」「好きなの持って行かんね」とお互い気軽に言い合える趣味のおかげで、大きく交歓の輪も広がり明日への活力も湧いて、楽しく充実した八十路を生かしてもらっている今日である。諸氏にも第二の人生を有意に送るために、できれば人との交わりを広め、共に楽しみ喜び合えるような趣味を持つことを勧めたい。

親の看取りに寄り添って

　私は、昭和44年4月に島根県公立学校教員（高校社会科）に採用され、平成19年3月に定年退職した。現職中は、教諭として23年、教頭・校長として5年、行政職として10年を経験した。ここでは退職後の14年間に絞って、私が体験した中で、心がけたことや感じたことを書いてみたい。

　現職中の45歳からの15年間に7度転勤があり、その間1年を除いて家族一緒に勤務地で生活した。島根県教育委員会での勤務を最後に退職した時には、3人の子どもが自立していたので、夫婦二人となって郷里の益田市に帰ってきた。

　第二の人生においては、現職中から、私と妻の両親の世話をすることを中心に据えることを決めていた。教育の世界から離れて、肩書のない横社会で、手付かずのカンバスに新しい絵を描くことになった。先輩から贈られた言葉「生きて学べ」を胸に、「日日新又日新」（中国の古典『大學』）の気持ちで過ごしてきた。

　私と妻の両親の住居は、私の住居からそれぞれ17kmと5km離れたところにある。私の両親については、3人兄弟であるが実質的には私と妻の二人で、妻の両親については、5人姉妹が協力体制を敷きながら、地元在住の妻と妻の妹の二人が中心となり、私も加わって世話をしてきた。

　私の母は平成10年に脳梗塞をおこし、父は90歳代であったため、2地域居住をしながら世話をした。山間地にある両親の住居周辺の耕作放棄地を開墾し、果物を植え、野菜を栽培し、イングリッシュガーデンもどきの花壇を作った。野菜は自給用として、玉葱・馬鈴薯・西瓜など年間約50品種を育てている。鳥獣被害や無農薬・有機農業のため病害虫による被害に遭うこともあるが、収穫の喜びを味わっている。また、自治会、地域おこしグループ、趣味の会（囲碁）等の活動に会員や世話人として参加している。

　退職後5年間は、両親を受診に通院させ、食事を共にする生活だった。

　平成21年1月に、思いがけず益田市教育委員会教育長となった。

　最初の校長会で、「教育のねらいは、子どもたちが学卒時に『自立と社会参加』ができるよう『生きる力』を育成することである」とし、「市民が、教育について、信頼感を持って安心して暮らせるまち」にしていくことを呼びかけた。また、教育行政を推進するにあたって、①現場主義、②協働、③あらゆる施策についてPDCAサイクルにより成果をあげることに取り組むことを述べた。

　積極的に学校訪問を行い、教職員や児童生徒との対話に心がけた。保育所、幼稚園、公・私立高校、青年会議所、児童相談所等との意見交換を実施し、PTA連合会、連合婦人会、商工会議所、退職校長会など各種団体へ出向き、現状と課題について講演を行った。

　新たな取り組みとして、委員会内では、意思疎通を図るため部内会議を開き、外部への情報発信のため『益田市の教育の概要』『教育委員会便り』等の発行を始めた。また、学校支援のため県教育委員会の財政的支援を得て指導主事を増やし、「教育改革推進室」を設置した。

　特に力を入れたのは、地域の課題である学力の向上への取り組みだった。文部科学省の指定を受け、「学校評価システム」について実践的な研究に取り組むことにより、その充実・改善を図ることができた。

　市民総ぐるみで教育に取り組むとの考えから、益田市教育審議会を設置し、「今後10年を見通した本市教育の在り方について」諮問し、さまざまなテーマで審議していただいた。着手できるところから改善に取り組んだ。

　教育委員や管理職研修のため、宇田津一郎先生を初め全国から講師を招聘し講演をいただいた。教育部長は文部科学省からの出向者を充てるとともに、職員を研修生として文部科学省へ派遣した。また、私が視察した都府県や市区教育委員会、海外や国内の公私立小・中・高・大・特別支援学校、大手学習塾等の情報を提供した。これまでの常識にとらわれることなく「前例踏襲から挑戦へ」の意識改革を図ったものである。

　平成24年8月、市長の交代を機に辞職した。

両親の加齢とともに年々関わる時間が増加した。

　私の母は、平成23年8月に要介護1の認定を受けると、介護施設のヘルパーによる居宅サービスを受けることになった。平成26年9月に要介護2となっていた母は風邪がもとで入院し、要介護5の寝たきり状態となって退院した。本格的な介護生活に入り、食事、体位変換、下の世話、褥瘡予防の清拭などに取り組んだ。乳幼児の育児と同じような体験だった。食事が摂れるようになると症状が少し回復し車椅子生活が可能となり、デイサービスやショートステイを利用した。平成27年には特別養護老人ホームに入所した。その後、体調を崩し入院、最後は夫婦二人で父のいる自宅で看取りをした。居宅介護支援センターから派遣された医師と訪問看護師から手厚い終末期ケアを受けた。母は目を開けることも、話すこともできなかったが、死の前日まで、見舞いに来られた方々と首で意思疎通を図った。同年11月末に、父、私たち夫婦と看護師の前で、息を引き取った。

　父は、平成30年1月に要介護1で腰椎圧迫骨折により入院した。治癒すると、9月に特別養護老人ホームへ入所した。その時には、すでに要介護3となり車椅子生活となっていた。自走により車椅子で施設内を移動し、カーテンの開閉などを自分の仕事としていたし、令和元年に実施された選挙には一票を投じ、それなりに社会参加を果たしていた。令和2年2月初め、突然に体調を崩し入院した。毎日通院し、食事介助に始まり、上半身を起こし蒸しタオルで顔を拭き、手足をマッサージし、車椅子での院内散策などに取り組んだ。個室での夜間の付き添いも許された。3月中旬、医師・看護師が見守る中、私の声掛けを耳にしながら永眠した。満106歳の命であった。医師の「老衰です。大往生でした。おめでとうと言っていいですよ」との言葉が心に残っている。

　晩年の父の持論に、「健康だから働くのではなく、働くから健康になるのだ」「その年になってみないと分からないことがある」などがある。加齢とともに、その意味が少しずつ納得できるようになってきた。

　4人の親は施設に行くことを望まなかった。私の父については、妻の両親の世話を同時並行して取り組む必要があったので、自宅での看取りはで

きなかった。義母については、平成28年から歩行が困難となり寝たきり状態となった。義父が糖尿病の疾患を持ち、食事や薬等の管理も必要となり、歩行もおぼつかなくなったため、平成30年に、義母に施設に入所してもらった。義父については、デイサービスに行くのさえ嫌がっていたが、私が世話に関わることを遠慮してか、令和2年10月から、ショートステイにも行くようになった。12月に入り、ショートステイ中、体調を崩し入院した。退院時には、要介護4となり四六時中の見守りが必要となった。コロナ禍の中で、5人姉妹が連携して介護にあたっている。

　退職後、妻は私の両親に対しても、食事づくりや日々の細かな支援をはじめ、看取りでは不眠不休の介護に取り組んだ。介護には十人十様の実態があるが、私の場合には介護保険制度の公的サービスだけでは対応できなかった。現職中なら介護辞職も考えねばならなかったと思う。

　しかし、多用ではあったが、終末期の親と共に過ごし、認知症が進み、死に至るまでのありのままの姿を見ることができた。何ものにも代えがたい体験であり、多くのことを学ぶことができたのは幸いであった。

　ともあれ、親が安心して終末期を送ることができるのは、介護・医療保険や年金制度のおかげである。家族としても感謝の念で一杯である。

　それにつけても、新型コロナウイルス感染症の拡大により、高校や大学等の卒業生の正規労働者としての就職率が低下し、かつてのような「就職氷河期」が起きるのではないか、また、出生数の低下により、さらに少子高齢化が進行するのではないかと心配している。

　我が国の社会保障制度は、現役世代が高齢者を支える賦課方式がとられている。政府は世代間の負担の偏りを抑えるため「全世代型社会保障改革」を掲げている。政治的発言権の弱い少数派の若者たちが、諸施策により「自立と社会参加」を果たし、経済不安などから結婚や出産をためらうことがないようにしてほしいし、年金の支給額減や医療費・介護費の負担の増大などのしわ寄せを受けることがないように願わずにはおれない。

85歳以上の高齢者の現況について

共同調査・研究／宇田津一郎（宮崎県）・久保田勝吉（佐賀県）・

仁田原秀明（福岡県）・藤原善行（長崎県）・

丹生長年（大分県）

1　聞き取り調査人数と方法

　九州各県の関係者に事前に質問項目に基づいて、85歳から89歳が25名、90歳以上の方が21名の計46名に、主として本人への電話による聞き取り調査の形で御協力していただいた。体調不良や老人ホームへの入所者等については、奥様や子どもさんの代理回答の対応をお願いした。

　85歳から89歳までの方は概ね電話対応が可能であったが、90歳以上になると耳が遠くなった等で話が十分にできない等の方もおられた。特に、一人暮らしになると自分自身の健康づくりや生きるための自立心が大切だと実感させられた。

2　教師生活の中で楽しかったことや思い出等について

　特に、生徒との関わりや生徒たちの成長等に生きがいや喜びを感じ、また、その後も同窓会や教職員間の交流会等が続いていることは、大変、現在も生きがいになっているという回答が目立った。

　具体的には、次のような回答があった。

　○生徒を励まし、進学や就職、部活動等で実績を残し、生徒や保護者
　　の喜びと自分も満足感や達成感を味わえたこと。
　○職員旅行等で親睦を図り、心に残る思い出をつくれたこと。

○卒業生との同窓会等での出会いがあり、語り合うことができること
　は、教師ならではの醍醐味であると感謝している。

○新設高校の５代目校長として思い出はたくさんあるが、何よりも無
　事に定年まで職務を全うできたこと。

○本来の学校経営が難しい時期で地獄のような日々もあったが、何と
　か勤め上げることができたことは喜びである。

○歓迎会、送別会、忘年会等での教職員間の交流を持てたこと。

3　「教育理念」や「教育信条」について

　定年退職後、相当な時間が経過していることから、十分な聞き取りはで
きなかったというのが本音である。

　教育理念や教育信条については、「師弟同行」「率先垂範」「やさしく、
きびしく、たくましく」「自彊自律、和敬礼節」等に加えて、「自由に自分
自身を生かすことができる生徒を育てる」「正しいことを正しくやり、曲
がったことは絶対にしないという生徒たちを仲間と共に育てる」等、とて
も懐かしそうに語っていただくことができた。

4　「何歳まで仕事をされたか」について

　「78歳まで私立高校４校と専門学校の校長として務めた」とか「私立大
学の教授として18年間78歳まで務め、教授として専門部会に出席した。
サッカー部部長も務めた」という方もおられた。

　特に、85歳から89歳までの方は、教育関係８名、行政関係４名、その他
３名、そして、90歳以上の方も教育関係３名、行政関係１名、その他２名
となっている。

　全体的な傾向としては定年退職後から65〜70歳まで勤務したという回答
が多い。職種は、過去のキャリアを生かして教育関係で仕事をした方がほ
とんどである。そして、その後は、地域の自治会の役員、奉仕活動や自分
の趣味等に生きている状況にある。

5 同窓会、退職校長会等への参加について

　各種の会合への出席に関しては、85歳から89歳の方と90歳以上の方に大きな違いはみられない。小・中・高校・大学の同窓会には80歳くらいまで積極的に参加された方が多く、一部ではあるが、今も同窓会等に参加しているという回答もあった。

　電話での聞き取り調査を実施した範囲では、退職校長会にも、70歳から80歳くらいまで出席したという回答が多かった。中には、喜寿（77歳）や傘寿（80歳）で最後にした方もおられる。しかし、健康を維持されている方は、同窓の有志の会や地区会、退職校長会等に現在も参加されている方もおられる。すべては、健康管理・自己管理の状況によると言って良い。

6 「後期高齢者」になってからの生活や生き方の変化について

　ここでは、3人の方の後期高齢者としての過ごし方を紹介する。

○町内会、老人会のお世話をして、人との縁を大事にしてきた。趣味の書道では金賞を受賞、ダーツでは市内で準優勝、地区グランドゴルフでも団体優勝、古文書研究等自分の生涯をかけた趣味を持つことの意義は大きい。

○人との出会いや縁を重視して30か国余の外国旅行に行った。異文化に触れ、感じ、気づき、学ぶ等収穫のある旅行になり、自分の視野が広がった感じがする。「できる時に、できることをしておくこと」の大切さを感じている。今も、老人会や町内会の世話をし、地域貢献に努めている。

○90歳の方は、週4回は老人ホームでの通所生活をし、介護施設での交流や会話が楽しいと言っておられた。また、再三の教え子の訪問が楽しみであり、教師冥利に尽きる。

　総じて言えば、次のような感想を持ったところである。
（1）　80歳から85歳の方の多くが、老いを感じ、加齢が原因で疲れを感じ

るようになったという声が目立つ。特に奥様を亡くし独居生活になった方は、「食事づくりの大変さ」「話相手がいないことによる孤独感」等を感じる等新たな問題も生じてきているようである。ほぼ75歳から80歳までは地区活動をしたり、ボランティア活動、時間短縮での勤務等で活躍されていたとのことである。

（2）　85歳から90歳の方は、医者にかかることが増え、病気の回復にも時間を要するようになり、転倒することも増えた等々「85歳を超えると年々体力の衰えを感じる」という人が多い。日常の健康維持や病気予防の大切さを感じさせられる。また、人との交流機会を持つことも老後の大切な生き方のようである。

（3）　90歳以上の方7名に連絡を取ったが、2名は老人ホームに入所、5名の状況を伺った。その内の3名は、散歩、パターゴルフ、農業等趣味を活かした生活をされていた。本年91歳になられる方は、80歳まで長時間の散歩を続けていたが、転倒をして1か月入院したことで、「歳を取ったら、無理をせずに自分の気持ちと身体と相談しながら取り組むことが大切だ」と述べておられた言葉は、とても印象に残った。

7　健康維持と健康づくりについて

聞き取り調査結果をまとめてみると、次のような傾向にあると言える。

（1）　積極的で前向きな生き方に努めている。
　・自治会や同窓会等に積極的に参加する。
　・ボランティア活動に参加したり、趣味を持って生きる。
　・人との会話・交流等他人との関わりを持つようにしている。

（2）　身体活動の活性化に努め、体力の維持に努めている。
　・温泉やゴルフ、トレーニングジム、ウォーキング等を楽しむ。
　・散歩や体操等、自分の日課を決めて独自の取り組みを継続する。

（3）　病気等の予防対策を意識し、生活をする。
　・酒やタバコを止め、食生活に注意し、自己管理している。
　・定期的な健康診断を受け、健康管理に努める。

中には無病息災の方もおられるが、一般的には、定年退職後には環境の変化等によって体調を崩した方もおられ、通院が増え、入院も必要な時が来るようである。特に、日常における食生活や健康管理等の大切さを説かれる方が多かった。

8 高齢者の課題について

物事に関する意欲の低下、狭くなる行動範囲、人的交流の減少、健康不安の増大等々が加齢と共に顕著になってくる中での高齢者問題は、実に切実で深刻である。

ここに、現実に高齢期を過ごされておられる方々の生の声を挙げてみた。

○経験を生かした地域との共生、交流と社会教育の充実

○高齢者医療の推進とヘルパー制度の充実

○暑中見舞や年賀はがき、通夜や葬儀等と人的交流

○先祖の遺産等の維持整理

○老々介護、認知症等に至った場合の事前の心構えや対応

○人生の終期に向けた終活の取り組み

9 後輩へのアドバイスについて

定年、そして、後期高齢の時期を迎えた方々の一言一言には重みを感じるものがある。多くの85歳以上の方々が、自己の反省と生き様等から後輩への本音の貴重なアドバイスをいただくことができた。以下のすべては、心に響くメッセージばかりである。本書を読んでいただく皆様に、今後の人生の参考にしていただければ幸いである。

（1）心身の健康維持のために、趣味の会や文化講演、講座、学問的な学びの会、スポーツ大会等に参加して人との交流に努める。

（2）地域の会合には参加して、役割をしっかり果たす。

（3）読む、書く、話す、見る、歩くことを実行する。

（４）ルールを守る。迷惑をかけない。人のためになる。

（５）転ばない。風邪をひかない。頭を使い手足を動かす。

（６）健康維持や自己管理に努める。特に無理をしない。そして、我慢や自己判断をせず、早期の病院受診を心がける。

（７）自己の年齢や体力を考え、過信した行動をとらない。
　　　日頃から散歩等に努め、足腰を鍛え、特に転倒には気をつける。

（８）自分の趣味を磨き上げ、何か一つでも本気で没頭できる研究分野を持つ。

10　今後の生き方・生き甲斐・抱負について

　とかく、私は、人は誰でも、「自分」を生きることしかできないと思っている。多くの後期高齢時代を生きておられる先輩方が、前向きに自分を生き抜こうとされている姿勢には、大いに刺激を受け、感動させられるものがある。まさに、「人生とは自分を生きることである」と教えられる。以下には、意欲に満ちた先輩諸氏の人生に挑戦されている姿がある。

（１）取得している資格を生かせる仕事を続ける。

（２）趣味や研究等を深め、今後の人生に生かす。

（３）自然を相手に農業にいそしむ等、無心になる時間を持つ。

（４）地域社会に役に立てることを喜びとし、社会貢献に努める。

（５）夫婦共に元気で、子や孫たちとの関わりをもちながら家庭でも地域社会でも、役に立つ生活を心がけたい。

（６）無理せず欲張らずに、清廉に、平穏に長生きをする。

　今回の聞き取りを通して、特に92歳の方の「定年退職後は、５年を過ぎるごとに老後の新たな課題が生じてくる。それまでの心がけや実践が、次の人生のステージを決める」という一言は、深く心に残って離れない。

（文責・藤原）

おわりに

　私は退職して本年（令和3年）25年めを迎えました。

　今や日本人男子の平均寿命を超えました。

　現職時代から退職後も20年余、全国の高等学校を中心に、文部科学省・大学・専門学校等を訪問し、多くの先生方との交流を通して、多面的な視点から多くの学びとなりました。私の心の財産ともなっています。長年にわたってお世話になった社会への恩返しの一つにでもなればと、昨年まで3年間、全国高等学校校長会等でもお世話になってきていることもあり、現職の管理職の先生方の今後のつながりづくりにもなり、結束して今後の日本の教育の発展や将来を担う生徒一人ひとりの向上にご尽力いただくことも期待して『校長の実践的学校経営論』『高等学校入学・卒業式辞集』『実践的高校教育論』（各学事出版刊）を出版させていただきました。

　この出版を通して、私自身現職の先生方とのつながりを作っていただくとともに、先生方や学校の現状等もご教示いただき、私の新たな学びともなっています。この年齢になっても有難い人生だと感謝しています。

　私のこれまでの人生を振り返ってみますと、現職時代から現在まで退職された多くの先生方に出会い、交流もいただき、人生の体験談や健康づくり、健康の大切さ、病気の苦労話などを伺いました。こうした交流から、私の退職後の生き方に参考となることを教わり、心の糧ともなっています。

　今回、執筆いただく先生方をお願いするに当たっては、九州の「学校経営を考える会」で10年余り交流のある4名の元校長先生方の協力も得て60歳前半から80歳半ばまでの退職された先生方にお願いしました。

　執筆依頼前後の段階で、特に、後期高齢の70歳後半から80歳前半の先生方の10名余の先生方が、身体の変化・家族の病気入院・その他の事情等で変更等余儀なくされることとなり、私も改めて、退職され、高齢となられた先生方の現状の変化などに接し、新たな学びともなりました。

　こうした現状もあり、各先生方への執筆依頼後、協力者の4名の先生方

とも相談し、特に85歳以上の高齢者の方々については聞き取り調査等を行うことにしました。協力者の4名の先生方と各県85歳から90歳前半まで各県10名ずつお願いしました。各県で調査したものを各県でまとめてもらい、5県で46名の調査ができました。46名の総合的なまとめについては、久保田勝吉先生・藤原善行先生にご尽力いただきました。

　50名の執筆依頼の先生方とは、原稿締め切りまでの間にお電話でお話をさせていただき、執筆の状況や先生方の現状など学ぶことができました。特に後期高齢の先生方とは体調のことなど参考になることもありました。

　全国的に新型コロナ感染拡大の中、私自身、遠方へ出かけることができない日々が続きましたので、過去よりお世話になった高齢の先生方とも退職後の状況など電話でお話をさせていただきました。

　高齢になられても健康寿命を維持し認知症等予防のためにも「読む・書く・考える・行動する」ことの大切さや、「食生活の工夫・改善」「適度な運動」「心配・不安を除き前向きの人生」「時間を決めた人との交流」「夜の会合をさけ昼の会への変更」などの大切さなど参考となりました。

　最終的に48名の先生方から貴重な原稿をいただくことができました。執筆いただいたほとんどの先生方が、過去から現在、各地でお会いし、お世話になっており、当時からのことを懐かしく思い起こしました。この出版を通して執筆していただいた各先生方の相互のつながりづくりが深まり、お便り・お電話等交流がすすみ、各先生方の今後の人生行路がより豊かに、より充実されることを協力者4名の先生方とも期待しているところです。

　日本人の平均寿命も年々伸び続け、人生100年時代も現実的なものとして近づいてきています。私たち48名の残りの人生も、100歳まで15年余から35年余あります。そのためにも、お互い心身の健康管理を大切に、健康寿命を伸ばすための工夫・努力が大切になってきています。

　今回48名の先生方に、現職時から退職後、現在までの生きてこられ、実践・体験されてきた足跡等を記していただきました。

　それぞれの生き方の原稿を読ませていただき、各先生方の実践・体験、中にはご苦労された話から、私自身多くのことを学習させていただきまし

た。各先生方の実践・体験は、自分の反省材料ともなり、今後生きていく上での参考やヒントなどを沢山いただき、大変有難く感謝しています。

高齢になるにつれ、面会したりすることなどは難しくなりますが、人生100年時代に向け、日々の生き方に勇気と希望をもち、健康管理・維持に努めつつ、生涯にわたって、お互い明るく前向きの人生行路に努められますことを期待し希望しています。

本書を、今後退職を迎えられる現職の先生方の退職後の、進路選択から、10年後・20年後を見据えられての生き方の参考の一助にしていただければとも考えているところです。

今回出版に当たって、「刊行に寄せて」で5名の先生方にお世話になりました。

田村充治先生は、先生が八戸高等学校進路指導主事時代に出会いがあり、それ以来、三木本高等学校、青森高等学校の校長時代まで講演等でお世話になり、交流させていただきました。その後、先生は、青森県教育委員会、教育次長・教育長へと昇任され、青森県教育の発展にご尽力されました。先生ご退職後も青森や八戸でお会いし親しく交流させていただきました。

諸見里明先生は、先生が沖縄県教育委員会指導主事時代から出会いがあり、その後、県教育委員会県立学校課長、教育次長、教育研修センター所長の在職中も度々講演等でもお世話になり、親しく交流させていただきました。その後、先生は、沖縄県教育委員会教育長へ昇任され、沖縄県の小学校・中学校の学力向上への取組とその実績の向上をはじめ、高等学校の学力向上、進路指導等にも努力されました。特に、高等学校から難関大学合格推進のための「進路指導実践研究会」（この会は、私が長年お世話になっている元県教育長　仲村守和先生の発案で発足）の予算獲得にもご尽力されました。さまざまな取組と改革で沖縄県教育の発展に貢献されました。

飛田洋先生は、私が宮崎西高校長時代、学年主任として理数科を中心とした難関大学への進学の向上をはじめ、学習合宿の導入（環境教育の中心となって、全国環境教育シンポジウムでその取組の発展・日本学生科学者での全国入賞）など新たな取組に積極的に関わっていただきました。特に

20周年記念行事については、その企画や記念誌作成等中心となって活躍していただきました。その後、先生は県立宮崎大宮高等学校長を経て宮崎県教育委員会教育長まで昇任され、宮崎県教育の発展に貢献されました。

寺原典彦先生、福良公一先生は、私が現職教諭時代の最後の方の3年生担任時、同じクラスの卒業生で、二人とも温厚で誠実、ひかえめ、こつこつと努力するタイプで、級友の信頼も厚く、将来を期待していた二人でもありました。その後も二人は努力に努力を重ね、人間的にも成長されていく状況を見聞してきました。

今や二人とも、宮崎県のそれぞれの道で、中心的存在として、寺原典彦先生は、南九州大学学長兼理事長を経て、現在も理事長として、大学教育の発展・充実に活躍されています。また、福良公一先生は、農業協同組合入所以来、単位農協の役員を経由して、宮崎県農業協同組合中央会代表理事会長兼宮崎県農民連盟委員長として、農業県宮崎を代表する中心的リーダーとなって農業界の発展や国内外への販路拡大等に向け、活躍・貢献されています。

二人の学級担任時代には、十分な教育環境を整えてやれなかったことに責任を感じつつも、その後の二人の努力で大きく向上し活躍されている現実に接し、当時担任をした一人として心強く誇りに思います。

改めて、お忙しい中に玉稿を寄稿下さいました、田村充治先生、諸見里明先生、飛田洋先生、寺原典彦先生、福良公一先生にお礼申し上げます。そして、ご執筆いただきました、全国の48名の先生方をはじめ、調査にご協力いただきました、九州5県の退職された85歳以上の46名の先生方にも厚くお礼申し上げます。有り難うございました。

また、編集に当たって、人選や高齢者の調査とまとめ等にご協力いただきました、久保田勝吉先生、仁田原秀明先生、藤原善行先生、丹生長年先生、並びに、今回も出版を勧め長年ご尽力下さっている、学事出版社長の花岡萬之氏にお礼申し上げ「おわりに」の言葉といたします。

元宮崎県立宮崎西高等学校校長　宇田津　一郎

《編著者紹介》

宇田津一郎 （うだつ　いちろう）

昭和11年、宮崎県高鍋町生まれ。宮崎県公立中学校（八代）及び宮崎県立高校（高千穂、富島、妻）勤務後、県教育委員会指導主事（8年）、県立小林高校教頭（2年）を経て、県立高校校長を3校（高千穂、高鍋、宮崎西）12年間務める。県立宮崎西高校校長を平成9年退職後、㈶日本生涯学習総合研究所客員研究員、㈳日本理容美容教育センター理事等や㈱ベネッセコーポレーション、駿台文庫、県外私立大学（1校）、県内外私立高校（4校）等の顧問・相談役等を務めた。現在、社会貢献活動として教育機関顧問を務める。旭川観光大使
現職中、全国理数科高等学校長会副理事長、九州地区普通科高等学校長会会長、宮崎県立高等学校長会会長などを務めた。
平成8年には文部大臣表彰（教育）、平成18年には叙勲（瑞寶小綬賞）、平成21年には沖縄県教育長表彰などを受ける。
主な著書に、『心にのこる校長講話集』（共著）、『宮崎西高校の挑戦』（共著）、『SHR "心"の教室』（共著）、『勝ち残る PTA 生き残る高校』（共著）、『教職員定年後』（共著）、『実践的校長論』（編著）、『実践の学力向上論』（編著）、『沖縄県の高等学校教育』（編著）等や、『校長先生の実践録』（共著、非売品）、『実践的校長論』（共著、非売品）、『高等学校 入学・卒業式辞集』（編著）、『実践的高校教育論』（編著）等、多数。
雑誌『月刊高校教育』『月刊 HR』『教員養成セミナー』等にも執筆。

《編集協力者紹介》

久保田勝吉 （くぼた　かつよし）
　　元佐賀県立佐賀西高等学校校長
　　元学校法人佐賀学園成穎中学校高等学校校長
　　文部大臣表彰（平成10年）
　　叙勲（瑞寶小綬章）（平成22年）

藤原善行 （ふじわら　よしゆき）
　　元長崎県立佐世保南高等学校校長
　　元学校法人佐世保実業学園（学園長兼学園法人本部長）
　　現学校法人岩永学園こころ医療福祉専門学校長崎校・佐世保校校長

仁田原秀明 （にたばる　ひであき）
　　元福岡県立武蔵台高等学校校長
　　元福岡女子短期大学学長
　　叙勲（瑞寶小綬章）（平成29年）
　　歌人（太宰府天満宮短歌大会選者）

丹生長年 （にぶ　ながとし）
　　元大分県立大分豊府中学校・高等学校校長
　　現学校法人後藤学園本部（総務室長）

人生100年時代の教師　48人の教育者の教職人生と教育信条

2021年7月20日　第1版第1刷発行
2021年10月20日　第1版第2刷発行

編著者──宇田津一郎
発行者──花岡萬之
発行所──学事出版株式会社
　　　　　〒101-0021　東京都千代田区外神田 2-2-3
　　　　　電話 03-3255-5471
　　　　　https://www.gakuji.co.jp

装　丁　　精文堂印刷デザイン室　三浦正已
印刷製本　精文堂印刷株式会社